一纪作曲家系列

义音乐家

简约主义音乐家拉·蒙特·杨,1992 年

简约主义音乐家

K. 罗伯特·施瓦茨 著

毕禕 译

SMPH
上海音乐出版社
WWW.SMPH.CN

献给我的父母——鲍里斯与佩特莱西亚·施瓦茨，你们开启了我的音乐生涯。

目　录

致谢

　　由于很多人并不认可在学术的框架内对简约主义加以研究，因而我必须在此特别感谢两位思想开放的教授——纽约市立大学的 H. 威利·希区柯克和印第安纳大学的奥斯丁·B. 凯斯维尔，在他们的鼓励下，当时尚在求学的我开始了相关研究。虽然现有的关于简约主义的学术论著寥寥无几，但爱德华·斯特里克兰的杰出著作《简约主义：源起与美国作曲家——关于当代音乐的对话录》是个例外，这本书对我的帮助非常大。

　　本书中有很多材料取自我所做的一系列访谈，因而在这里我要一并感谢诸位作曲家——约翰·亚当斯、史蒂夫·赖什、特里·赖利和拉·蒙特·杨等——百忙之中耐心解答我的疑问。我还要感谢其他的作曲家——路易斯·安德里森、菲利普·格拉斯、梅乐迪·蒙克和麦克·奈曼——在其他场合下接受的采访。我必须提到邓瓦根出版社（Dunvagen Music），慷慨地允许我随意摘录菲利普·格拉斯的自传《菲利普·格拉斯的音乐》（1987）中的内容。

　　最后，要感谢帮助我搜集整理乐谱、唱片、磁带和文章的人们：玛丽·洛·亨弗莱（席尔默出版社）、吉姆·凯勒（邓瓦根出版社）、蒂娜·佩里凯（ECM 唱片公司）、史蒂文·施瓦茨（布西霍克斯出版社）、杰德·惠勒（IPA 公司）和卡罗尔·耶普尔（Nonesuch 唱片公司）。

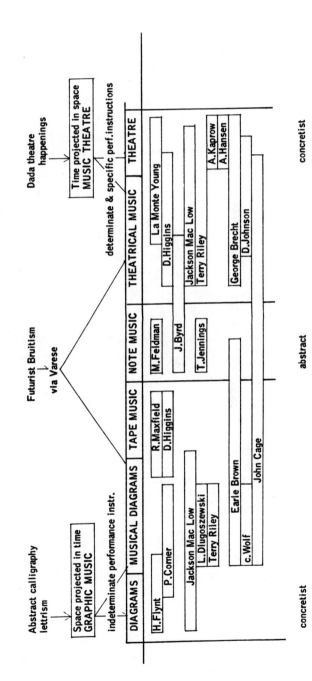

空间折射音乐-图像音乐/音乐折射空间-音乐剧场

乔治·马丘纳斯

作为无政府主义的艺术家与思想家团体——激浪派的一员，马丘纳斯于1961年绘制了这张图表，现藏于吉尔伯特与丽拉·西佛曼基金会

前言：简约主义的定义

二十世纪后期，没有一种音乐风格如同简约主义那样能引起巨大争议。对支持者而言，这种风格直接而易于接受的特点弥合了作曲家与听众之间的隔阂。对反对者来说，这种音乐单一到令人发疯，不过就是戴着艺术面具的流行音乐。至于它的创造者们，这一术语本身就隐约包含着贬义意味。无怪乎两位最著名的简约主义作曲家，史蒂夫·赖什和菲利普·格拉斯不仅鄙视这个词汇，也不愿将自己现时代的作品与之相关联。

公众，似乎是笑到最后的人。三十年来，主流作曲家们和评论家们对简约主义极尽嘲讽，使用诸如"无目的的音乐""唱针卡在沟槽里的音乐"和"墙纸音乐"之类描述加以讽刺，但最终，简约主义获得了商业上的巨大成功。格拉斯和赖什的唱片销量很好，委约费惊人，音乐会上座率也不错。他们的听众是二十世纪音乐会音乐中前所未有的——不仅因为它的规模，而且因为它的多样性，他们是不可思议的古典音乐、流行音乐和世界音乐爱好者的混合群体。

哪种音乐能如此持续地煽起人们的敌视或赞誉？究竟什么才是简约主义？

和印象主义一样，简约主义这个术语也是从视觉艺术借用的。而这个术语也同印象主义一样，一开始带有贬义的意味。美国画家弗兰克·斯泰拉和罗伯特·劳申堡因为将画布涂成单一的黑或者白；雕塑家理查德·塞拉和唐纳德·裘德因为建造了巨大的、无变化的管子或者弧形，而被嘲笑为"简约主义者"。英国作曲家、评论家麦克·奈曼不无烦恼和尴尬地被看作是将这个术语引入音乐界的元凶。"1968年，我将它引入音乐界时，那是个常用的艺术史术语。"1991年，他如此回忆："没有考虑太多，就觉得音乐界有类似的做法。那是二十三年前了，本以为公众对音乐的看法应该有所改变。没想到我们仍然背负着这个重担，其实这只是个说法罢了。"

　　然而，假如不是有一定的合理性，这个重担不可能存续这么长的时间。拉·蒙特·杨，通常被看作是简约主义的鼻祖作曲家，将这种风格简洁而优雅地描述为："用最精练的手段进行创作。"简约主义音乐的基本概念是精简，将作曲家使用的音乐要素削减到最低限度。二十世纪六十年代的经典简约主义作品中，每一种音乐要素——和声、节奏、力度、配器，等等，在整首作品的过程中始终如一，或仅做很少的变化。主要的结构技巧是无休止的重复，一些人觉得很为之着迷，另一些人则感到昏昏欲睡。

　　西方古典音乐传统中，对重复的使用要求有戏剧性的上下文和明确的方向性（好比说一部交响曲的展开部，动机片段的重复是为了构筑起情绪上的高潮）。而在简约主义中，重复被用来使音乐（如格拉斯所说）"无目的化"，用绝对淤滞替代明确的方向性。和很多非西方传统的音乐类似，简约主义音乐并不通向某个高潮点，并不构筑某种张力与解决的模式，并不提供情绪宣泄。如格拉斯所说，这种音乐需要一种新的聆听方式，不需要"传统的记忆或预期的概念"。简约主义中，你找不到对比——响和轻、快和慢、夸张和抒情，而这些都是西方古典音乐的实质。实际上，简约主义改变了我们对时间自身的概念，因为音乐在数分钟甚至数小时的跨度里以几乎不可察觉的程度在变化。

　　因此，并不奇怪的是，简约主义音乐从非西方传统音乐中继承的和从西方古典音乐中继承的几乎一样多。四位开创性的美国简约主义者——拉·蒙特·杨、特里·赖利、赖什和格拉斯都曾浸染于非西方音乐中，无论是印度拉格、巴厘岛甘美兰或是西非鼓乐。尽管他们都没有试图模拟非西方音乐的音响，但都接受了其中沉思性和将时间停滞的特征。从这一点看，这些音乐是很典型的六十年代产品——当时，披头士把印度音乐带进摇滚乐，与东方哲学、冥想和毒品产生的迷幻效果并肩前行。

　　但是，诞生于美国的简约主义，如果没有美国通俗文化的注入是不可能得到发展的。单纯的和声，稳定的节拍，爵士乐

10

和摇滚乐式的节奏型都对早期简约主义者产生巨大影响,他们就是听着这种音乐长大的,甚至在乐队中演奏过这类音乐。最终,也是遵照流行音乐的时髦做法,这四位作曲家都创立了自己的乐团并参与演奏。菲利普·格拉斯合奏团和史蒂夫·赖什与音乐家们乐团在全球巡演,经常活动在一般供流行或摇滚乐队演出而不是举办古典音乐会的场所。巨大的音量,强劲的节拍,电子乐器的大量使用,无怪乎摇滚乐迷蜂拥而至格拉斯的乐队演出现场,而传统学院派观众却唯恐避之不及。

但如果我们只强调简约主义的非西方根基,那也将是错误的。格里高利圣咏的冥想性,中世纪奥尔加农的淤滞性,巴洛克音乐重复和机械的节奏——都在二十世纪简约主义者身上留下印记。还有一些来自西方的更为晚近的音乐先驱,比如潺潺的、三分钟长的,瓦格纳用来拉开《莱茵的黄金》序幕的 E♭ 大三和弦;拉威尔《波莱罗》中不断重复的单一旋律或埃里克·萨蒂的作品(特别是他不太著名的作品《烦》,要求一个乐句重复八百四十遍)。

艺术方面的革新,往往是试图打破过去某种传统的保守特性的结果,简约主义也并不例外。二十世纪五十年代,杨、赖利、赖什和格拉斯还在当学生的时候,音乐的先锋派只有两条道路。一是延续阿诺德·勋伯格和安东·韦伯恩的十二音技法发展出来的序列主义——这是一种严格的、数学式的、高度理性化的作曲方式,最终写出极端复杂的无调性音乐。经过美国作曲家弥尔顿·巴比特改良的序列音乐,终于复杂到只有特殊的一小群人才能明白。然而,这种音乐却被奉为学院派的圭臬,年轻一代作曲家若想受到重视,必须学习这种方法。

另一条道路(远不如前一条来得受人尊重)追寻不确定性,那就是约翰·凯奇及其弟子们开创的"偶然音乐"。深受东方哲学影响的凯奇提出了一种基于禅宗的观念,我们周遭一切声响都可以被当作音乐的可能来源。其结果可能是惊人而混乱的,类似剧院里"随机发生的"而不是传统的音乐性声响。但凯奇的哲学体现了真正对声音的解放,从而有着很广阔的远景。

简约主义者们,在艺术生涯之初就同时拒绝序列主义和不确定性——拒绝前者毫无必要的复杂性,以及后者混乱的自由。但同时，他们又从这两者中都有所吸取。韦伯恩的音乐，通常将长度减到极短，几乎听不到动态变化，其静态的特征尤其令杨受到启发。也可以说，凯奇早在 1952 年就创作了一部终极性的简约主义作品。他的《4 分 33 秒》，其标题指作品的"演奏"时长，是一首无声音乐，作曲家没有要求演奏者发出任何声响。环境的声音——甚至可能包括观众愤怒的咒骂——构成了其中的音乐。

发动一次革命时，人们必须先摆出极端的姿态，随后才逐渐趋于妥协。简约主义者们也毫不例外，同时排斥巴比特和凯奇，他们注定要遭到学院派和先锋派的夹击。重新拥抱清晰的调性和固定律动这两种音乐的原动力，序列主义者和凯奇们曾认为这种原动力早已死去。简约主义者们的这一做法让前人的责难显得十分荒诞。

而在简约主义者这边，他们的音乐看似和他们拒斥的音乐同样激进。赖什于 1968 年发表的简洁而刺耳的"作为渐进过程的音乐"在今天看来如同一则政治宣言。虽然这一说法只是用来描述他自己的作品，但它还是提供了一种看待简约主义美学的洞见。

赖什强调，音乐的结构——也就是他所说的"渐进"——必须被听众明确地听到。为了确保听众听到这种渐进，必须采用高度系统化的、缓慢的渐进方式。"我只对可感知的渐进有兴趣，"他如此写道，"我希望听到音乐声响中不断发生的变化。为了便于听到所有细节，音乐的进行必须非常缓慢……缓慢到仿佛是看着手表上的分针在移动，你需要花上一会儿功夫才发现它动了。"

显然，赖什是在批判序列主义和偶然音乐中被隐藏起来的、无法听辨的结构要素。同样明确的是，他提出（并已经在创作）一种在西方没有先例的音乐。如果过程要如同他所追求的那样渐渐展开，那么这一音乐作品将会占据巨大的时间维度。而如果这种渐进需被人们感知，那么这种音乐就要由乍听起来毫不起眼的单纯重复性要素构成。需要有几分钟的仔细聆听（如同盯着手表上的分针看一般），渐进产生的变化才会渐渐明显起来。 *12*

对于在贝多芬和柴科夫斯基式高潮迭起的音乐氛围里成长起来的听众而言，简约主义音乐无异于中国人的水刑。但对于饱尝爵士乐和摇滚乐的重复动力，或习惯于非西方音乐长时间跨度的人而言，接受起来特别简单。实际上，简约主义作品堪比进展缓慢的仪式，如果一个人将自己全然交给这种仪式，它的效果可能是异常惊人的。"我的感觉是，假如听众没有升天的感觉，那我就失败了。"杨在 1966 年这么说道。"显然，音乐应当把所有听到它的人带入狂喜。"赖什在 1969 年这么说。难道，之前的二十世纪古典音乐，通常如此阴沉异化，曾提出过这么人性化的目标么？

最纯粹和严格意义上的简约主义音乐，最初由杨在二十世纪五十年代和赖利在二十世纪六十年代创作（赖什和格拉斯直到二十世纪六十年代中后期才分别登上这一舞台）。到了七十年代中期，赖什和格拉斯已经是这一运动的商业枢纽，逐渐开始远离各自早期作品的原始极端风格。事实上，到了八十年代早期，这两人都很难再被称为"简约主义"作曲家了。然而，不论多么不合理，他们仍被扣着简约主义的帽子。

他们也仍被看作是彼此相关的作曲家。被历史学家爱德华·斯特里克兰戏称为简约主义"四天王"的他们，一直不乐意被当作一个团体来看待；他们正确地发现，彼此间的音乐风格截然不同。同时，在商业上取得的不同程度获益，也使这"四天王"引发了一定的竞争，以至于看起来更像是个争吵不断、功能紊乱的大家庭。"相比之下，波吉亚家族看起来都更和睦。"批评家约翰·舍费尔如是说。

不过，在我们仔细述说简约主义者们的生平之前，必须指出，这一家子还是有共通之处的。这四位都生于二十世纪三十年代的美国；成长阶段都爱听流行音乐；都忍受（并排斥）所受的欧洲学院式训练；都转而研究亚洲的音响和仪式；特别是，最后都皈依了某种宗教。通过完全不同的道路，他们都创造了极其精练又广受欢迎的，被我们称为简约主义的音乐作品。

那么这个术语本身怎么样？不论好坏，这一术语已经在全球范围内被接受。去除了最初的讽刺意味，简约主义要比其他类似术语好得多——恍惚音乐（trance）、迷幻音乐（hypnotic）、重复音乐,这些名称都曾被使用过。此外,作曲家们可没有权利选择自己被贴上什么标签载入历史,他们只能坐下,泰然接受这一结果。正如赖什所发现的他的前人被贴上的各种"主义"标签一样:"譬如德彪西之于印象主义。勋伯格也不喜欢'无调性''十二音''表现主义'而喜欢'泛调性'。真遗憾。"

第一章

自称"先锋派情人"的拉・蒙特・杨，纽约，约 1961 年

搬一捆干草，提一桶水到舞台上来，让钢琴在那儿吃喝。演奏者可以亲自喂食钢琴或让它自己吃。如果是前一种情况，那么喂完，作品结束。如果是后一种情况，那就在钢琴决定吃或者不吃之后结束。

——拉・蒙特・杨
《为大卫・都铎而作的钢琴小品第一号》

拉·蒙特·杨和特里·赖利

　　狂风呼啸着刮过爱达荷州的平原,摇晃着他正躺在其中的小木屋的地基。这个小男孩并不因此感到害怕,反而对这种持续的长时间呼啸声产生了兴趣。

> 　　一开始我躺在木屋里那张床上,听着风从交叉的木头间穿过。冬天的风很是凶猛,还会有暴风雪,真是伸手不见五指。我大概两三岁的时候就习惯了这种气候。倒不是说我能像人家关掉收音机一样关掉风暴;一旦这种风暴出现,似乎就会永远这么刮下去。我只是觉得很棒很酷。

　　显然,拉·蒙特·杨对持续不变音响的痴迷,在童年就已经形成。这是怎样的一种童年啊!有些美国作曲家要尽量编造出一种开疆拓土式的童年记忆来丰富自己的传记。而对于杨来说,1935 年 10 月 14 日,在爱达荷州伯尔尼乡下出生时,他所在的地方就是边陲。

　　1935 年,伯尔尼是一处摩门教乳制品产区,总共只有一百四十九名勤恳工作且敬畏上帝的居民。位于熊河谷,提顿山脚下的伯尔尼,周围满是荒凉的、覆盖着艾草的平原,终年被各种自然元素无休止地摧残着。拉·蒙特的父母,丹尼斯和埃拉·杨,被他们的儿子称作"乡下人"。他们肯定过得很穷。丹尼斯一家就住在熊河岸上一座两室的木屋里。

　　虽然生活条件十分艰苦,音乐仍在杨的童年扮演了重要角色。他的父亲和姑姑常常鼓励他一起唱牛仔歌曲,到四岁时,他的吉他水平已经足以伴奏这样的歌曲了。他也在教会中参与会众咏唱的圣歌。四岁时,家里人让他去当地最大的城镇——爱达荷州蒙彼利埃的里奇剧院表演踢踏舞。那是他祖

17

父母生活的地方，他在他们的家里第一次接触到立式钢琴。

　　然而，比起这些音乐活动，还是周遭环境的声响给小男孩留下更为深刻的印象。"当我能四处走动的时候，有一次发现了一根带变压器的电话线杆，那种声音让我十分着迷，"杨日后回忆道。后来，丹尼斯·杨在蒙彼利埃的一处康诺克①配油站找到一份工作，他总是带着小拉·蒙特去上班。"就在那个配油站边上——我后来还去过很多次，在那里听过很多次——有一个小小的变电站，为蒙彼利埃提供用电。我经常站在变电站边上，静静地听。"他直接被嗡嗡的响声吸引了，即便在那时，他还没有打算将听到的声响加以归类。"我那时候恐怕还没什么持续声音的概念。我只是听到那种没完没了的变电站里的声音，立刻就着迷了。"

　　1941 年，美国乡村仍在努力从大萧条中挣脱出来，杨一家来到洛杉矶，好让丹尼斯找一份工作。他在一家五金店找到一份工作，但全家人仍然过得很贫困，拉·蒙特记得当时的晚餐甚至只有面包和牛奶。然而在这种情况下，丹尼斯为儿子买了一支萨克斯管，说明小男孩的音乐才能的确十分出众。

位于爱达荷州伯尔尼简陋的小木屋，拉·蒙特·杨的出生地

————————————

① 今康菲石油公司。——译注

拉·蒙特·杨骑马,位于他家在犹他州亚美利加福克市的农场门口,约 1946—1947 年

　　"大概在我七岁的时候,父亲带回来一支银色的萨克斯管,真的是很旧的一支萨克斯管,"杨说,"因为我爸是家里的绝对权威,所以我问母亲,爸爸能不能教我吹萨克斯管,结果他只是将这件乐器当礼物带回来,而且还是生日和圣诞节礼物的合并。"丹尼斯,一位业余音乐家,曾跟他的叔叔托恩顿学过萨克斯管,于是开始尽其所能教小拉·蒙特。同时,小男孩还在小学乐队里演奏,其他时间还在附近小山坡上照顾家里的山羊。

　　很快,杨一家不得不再次迁居,这回是去犹他州亚美利加福克市。托恩顿大叔在那里有一处繁盛的芹菜农场,他雇用丹尼斯去经营这片农场。他们很快就失望地发现,家被安排进了连饮用水都没有的旧农庄房子里。但拉·蒙特很高兴能学到托恩顿的音乐知识,憧憬着有朝一日能在堪萨斯城或洛杉矶的大乐队里演奏。"他教我吹萨克斯管,带回乐谱,还给了我很多摇摆乐编配的乐谱。我觉得一定是通过他我才尝到爵士乐的滋味。"

　　拉·蒙特在亚美利加福克市待了四年,再一次给他留下最深记忆的是环境的声音。"我最着迷的自然界声音是犹他湖周围森林里猫头鹰的鸣叫,我常常骑马或驴穿过那片森林。有一天,我听到林子里传来一阵和谐的回响,却不知道是什么声音,有可能是湖水的声音。"等到拉·蒙特要上高中的时候,全家人——如今已有六个孩子——举行了一次投票,最终决定搬回洛杉矶。

一家人过得非常拮据,拉·蒙特被送去和外祖母住,老太太家位于一段铁路边上。拉·蒙特毫无悬念地迷上了火车调车场,那些长长的汽笛和短促的信号声都吸引着他。不久以后,他进入约翰·马绍高中学习,他的音乐经验以几何级数增长,确切地说日增夜长。

迄今为止,杨几乎没有怎么接触过古典音乐,也没有接触到最新的爵士乐潮流,比如比波普。他回忆当初在犹他州时,曾在电台里听到过一点管弦乐队的演奏。和许多美国本土作曲家——查尔斯·艾夫斯、哈利·帕奇、亨利·考维尔和特里·赖利——一样,他成长于一个与欧洲经典文化隔绝的环境。因此,约翰·马绍高中必定是个意外的收获。

马绍高中简直是爵士音乐家的温床,杨成了一个活跃的萨克斯管演奏者,并且痴迷于查理·帕克的演奏,后者正是比波普的缔造者。同时,杨的高中老师克莱德·索伦森,曾是阿诺德·勋伯格的弟子,不仅教他学习和声,还带他聆听了人生中第一场交响音乐会——洛杉矶爱乐乐团演奏巴托克的《乐队协奏曲》。但杨仍然更热心于爵士乐。

当然,他必须如此,因为在舞场乐队里演奏所得的收入能帮助他生存下来。放学后他还在五金店打工,帮着制造相机的精密部件。他从每小时四十美分的收入里,积攒下足够的钱买了第一把塞尔默次中音萨克斯管。"那时候,那把塞尔默要卖三百美元,每小时四十美分的收入,怎么才能攒够?每天一放学我就到店里,又开冲床又开车床。我甚至跟着那些机器的嗡鸣声吹口哨。"

高中时代末期,浸淫在比波普生活中的杨离家出走:

我的父母和祖父母总是很反对我在夜店里演奏,

他们特别反感我跟黑人演员一块儿演奏。我在约翰·马绍高中认识了不少犹太小孩,我还和不信教的女孩约会。我是家里的长子,长孙,一直是模范教徒,但那时简直是在一路堕落。他们甚至把我的号藏在卧室的壁橱里,但我找了出来,然后就真的离家出走了。住在一些廉价的汽车旅店,在一家生产汽车安全带插销的工厂里找了一份工作。

此时,杨完全专注于爵士乐的天地——特别是洛杉矶市立大学的爵士乐演出,那里有当时最杰出的乐队。显然,所有约翰·马绍中学的乐手都期盼着有朝一日能进入大学乐队,杨也不例外。准备报考大学时,他发现竞争相当激烈:

比波普的早期:萨克斯管演奏家莱斯特·杨(左二)和查理·帕克(右二)在纽约伯德兰登台表演,1949 年

21

　　　　那时，我练得很勤。最终，要和埃里克·道尔菲
竞争第二次中音萨克斯管的位置。我不知怎么的，居
然赢了他。但我那时肯定很棒。凡是听过我试奏的
人都说，那天我简直是火力全开。当时，我完全就生
活在爵士乐的天地里。那是我唯一在乎的，是我想要
过的生活。

　　道尔菲后来一路发展成为世界闻名的萨克斯管演奏家，约
翰·科特兰的搭档。而杨的演奏显然也具有相当的水准。他
在大学时期四重奏的录音显示，他是个很炫的即兴演奏家，和
同代其他比波普艺人一样，能把旋律变得非常激昂。更重要的
是，那时他已经开始抛弃传统爵士和声，经常尝试一些和声上
的意外进行。他的团队里出过两位演奏家——小号手唐·切
利和鼓手比利·希金斯——后来和奥内·科尔曼一同开拓了
自由爵士的疆土，并非出于偶然。

　　假如情况有所变化，也许会是杨来倡导爵士乐的这一变
革。但当他进入洛杉矶市立大学以后，便师从伦纳德·施泰
因，当时勋伯格在美国最重要的弟子。此人后来成为勋伯格协
会主席，是有关勋伯格文献的权威。施泰因在这个狂放不羁的
学生身上，察觉到一个作曲家的潜质。"是伦纳德·施泰因把
我挑出来，称我是个作曲家。那是在他的课上，我交上去的作
业是《为弦乐四重奏而作的五首小品》。他当着全班的面，称我
是个作曲家。于是，我开始相信我真的是了。"

　　施泰因向杨介绍了整个二十世纪的古典音乐，特别是勋伯
格、贝尔格和韦伯恩的无调性和序列音乐。杨很快就皈依了韦
伯恩的音乐（《为弦乐四重奏而作的五首小品》创作于 1956 年，
很明显受到韦伯恩同类作品的影响）。相比其他简约主义作曲
家，杨受到序列主义的影响最深。他并不认为这是一种桎梏，
他的早期简约主义作品甚至还在使用序列主义技法。韦伯恩
一直是杨多年的偶像。现在追溯起来，并非不可理解。　　　22

　　韦伯恩成熟时期的作品弃绝了勋伯格作品中仍然存留的
晚期浪漫主义倾向，将十二音技术升华到高度理性的凝练地
步。在韦伯恩的作品中，声音和寂静几乎占据同等重要的地

位。微弱的动态、透明的织体，还有极短的篇幅，都令他的作品看起来闪耀着初期简约主义的光芒。但最让杨动心的是作品本身体现出的静态特性。当某一组音高在作品中重新出现时，总是在原来的那个八度里。

托施泰因和韦伯恩的福，爵士乐终于从杨的生活中逐渐淡出。等到他进入加州大学洛杉矶分校时，他几乎已经不再演奏萨克斯管了。与此同时，洛杉矶分校的音乐系为他开辟了一大片新的天地。该学校以其世界音乐课题举世闻名，甚至自己有一支乐队演奏雅乐（日本传统宫廷音乐）和甘美兰（印尼传统的金属制打击乐合奏）。一年夏天，杨买到一张印度拉格大师阿里·阿克巴·汗的唱片，立刻被这种在很长篇幅内缓慢展开的音乐形式所吸引。"那张唱片，我听了一遍又一遍，直到外婆开始担心我是不是出事了。最后，她终于忍不住在封面上写下了'鸦片音乐'几个字。"

如果非西方音乐是"鸦片"的话，那么杨在加州大学洛杉矶分校学到的格里高利圣咏和奥尔加农同样也是。多年以后，1966 年，杨指出中世纪西方音乐和亚洲音乐的关联——对他产生了很大的影响。"我觉得，十三世纪以后西半球的音乐特点在于，把高潮点和指向性看作结构的指导性因素。但在这之前，从奥尔加农到马绍的圣咏，似乎更看重结构中的静态因素，有些类似东方音乐体系的某种构建方式。"

反叛者的学生会会员卡：拉·蒙特·杨在加州大学洛杉矶分校，1957 年，在那里他广泛接触各种音乐的熏陶

　　静态,这个词概括了杨的全部音乐兴趣。1958 年 6 月,他从加州大学洛杉矶分校毕业时,满脑子都是韦伯恩、中世纪音乐和非西方音乐。他也从没忘记小时候听到的那些嗡鸣声,风、变压器、车床和调车场的声音。这些都体现了他对静止的偏好,打破了我们对时间维度的理解。

　　但比起杨即将要做的事情,这种打破不算什么。1958 年夏天,他创作了第一部成熟作品《弦乐三重奏》(下文简写为《三重奏》)。这是二十世纪音乐史的里程碑式作品,也是美国简约主义音乐的源头。这部作品是在洛杉矶分校罗伊斯大厅的管风琴前写成的,等他进到伯克利分校念研究生时,《三重奏》已经写完,被誉在半透明纸上,准备开印。

　　究竟为什么,即便在今天听来,《三重奏》仍是一部极为叛逆的作品? 其实,只是因为在西方音乐史上,从未有过通篇构建在绵长、持续曲调上的作品。虽然《三重奏》仍是一部严格的序列作品,它却弃绝了旋律或节奏上的脉动,转而通过嗡鸣的不动的和声,令时间的流逝完全被悬置起来。这些和弦之间,通过等长的休止加以分割,进一步加强了绝对静态的感受。比如《三重奏》的开篇部分,实际上只用了三个音,每件乐器演奏一个。但总共花了五分钟时间让这三个音逐渐叠置起来,然后又逐渐消失(完整演奏《三重奏》大概需要一个小时,但最初的草稿似乎预计要花好几个小时来演奏)。

　　我忍不住想要为这部作品找一些先例,但实际上,它是史无前例的。韦伯恩提供了寂静的动态和不协和的和声语汇,同时也提供了寂静和音响同等重要的观念(当时杨还没有听过凯奇的《4 分 33 秒》,一部彻底的无声音乐)。雅乐、拉格或是火车汽笛可能都为这部作品提供了灵感。但《三重奏》实际上生发于一个无礼的、反叛的、尚未毕业的年轻人的头脑。连杨自己也没法作出解释。"我自己也说不准什么时候开始写那种长音调子,我只是感觉到要这么写。"他近期如此说。

约翰·凯奇的作品《4 分 33 秒》出版乐谱的封面,或许这可以算作最极端的简约主义音乐

　　然而,他在伯克利的作曲导师西摩·谢弗林并没有这种感觉。颇为崇拜勋伯格的谢弗林并非一个迂腐的学究,但他的头脑开放程度也并非无限。杨把《三重奏》当作业交上去的时候,谢弗林警告他说,如果他继续写这种东西,就有挂科的可能。

24

"他认为,一部作品总要有个方向。他甚至对我说:'你写东西像个八十岁的老头。你应该写有线条的、有高潮的、有方向的作品。'"

无疑,《三重奏》完全没有方向。谢弗林尽管很清楚杨所具备的才华,但他很难相信在这样的作品里,作曲家是花了心思考虑写下什么音符的。为了证明杨的错误,谢弗林在自己家里办了一场试奏,由学生们来演奏《三重奏》。他试图通过让这部作品确实响起来,使得杨能浪子回头。

出席首演的,还有谢弗林作曲班上的其他学生,大卫·德尔·特来蒂奇和宝林·奥利维洛。杨回忆说,他们显得很困惑,但保持着礼貌,倒是作曲家自己被吓到了。很快,首演就成了校园传说,风靡整个伯克利。杨说:"当时几乎所有人都认为,我操之过急了。"

"几乎所有人"并不包括作曲系一位名叫特里·赖利的研究生。几周内,赖利就成了杨的支持者、知己、伙伴和同志。从此,他们的生活无可避免地交织在一起,简约主义俱乐部里很快又多了一个成员。

和杨一样,赖利也是美国荒凉大西部的孩子,生长于加州

特里·赖利和林·帕莫演奏特里·赖利《为〈礼物〉而作的音乐》,巴黎,1963年

北部内华达山区。1935 年 6 月 24 日,他出生于加利福尼亚考尔法克斯,那是一座火车小镇,有一个很大的转换场,穿越美洲大陆的火车在这里转轨。赖利的父亲是考尔法克斯到阿普尔盖特铁路的路段长,全家人就住在铁路边上。

　　由于赖利的父母都不怎么喜欢音乐,因此,音乐并没有在他的童年时期扮演很重要的角色。他的意大利祖母在家唱唱歌剧咏叹调,他也记得曾跟着收音机里的声音唱唱流行标准曲,比如《天降之财》。但他肯定多少显露出些天赋,因为六岁的时候,父母送给他一把小提琴。"我觉得最初从小提琴学起,是因为当时唯一能找到的音乐老师就只会教小提琴。"后来他回忆道:"那时我们已经往更北面的加利福尼亚雷丁市去了,我爸在那儿的铁路找到了工作。我对音乐非常感兴趣,总是跑到邻居家里凭记忆弹他们家的钢琴。于是,他们就给我找了个小提琴老师,还买了一把小提琴。"

　　随后,大战开始了。赖利的父亲加入了陆战队,全家人又一次搬家。这时,他开始转学钢琴,从此这成了他的主要乐器。但是,赖利和杨一样,几乎完全是听着流行音乐和爵士乐长大的。"因为我生长在乡下,就是在收音机里听听当时的流行音乐。那时根本听不到什么古典音乐。"

　　1945 年的某一天,赖利在一本《生活》杂志上读到一篇关于查理·帕克和迪兹·吉列斯皮的文章,对新的比波普运动产生了兴趣。但直到他上高中才第一次听到这种音乐。"那个年代里,要搞点唱片听可不容易,尤其是在雷丁这样偏僻的地方。你跑到唱片店,要这个要那个,可是他们只有牛仔音乐。"

　　要感谢赖利的高中音乐教师。他不仅给他听最新的比波普音乐,也领他欣赏了二十世纪的古典音乐,包括德彪西、巴托克和斯特拉文斯基等。他在学校管弦乐团弹钢琴,在校乐队里吹美乐号,还在一些舞会的乐队里打工挣钱。但在他高中最后一年开始跟随杜安·汉普顿学钢琴之前,他只接受过一些零星的音乐教育。汉普顿是雷丁本地人,从费城柯蒂斯音乐学院毕业后回到故乡。赖利在他的门下度过了三个年头。

小号演奏家迪兹·吉列斯皮是二十世纪四十年代爵士乐革命比波普运动的先驱，深深影响了杨、赖利和赖什

27

　　然而，他进步神速，并突然一度打算开始职业钢琴家的生涯。"我一天练习五六个小时，什么古典作品都弹。预科那两年（在雷丁）时，我决定要以音乐为职业。但那时我只是想当个钢琴家，特别是我觉得我能弹那么多美妙的音乐——巴赫、德彪西、巴托克、普朗克和米约。"

　　直到他于1955年进入旧金山州立大学，才开始转向作曲。

　　　　等进了旧金山州大，我才发现原来还有比我好得多的钢琴家！我最好还是重新规划一下人生。作曲课程很不错，很多作曲家，在我看来，都经验丰富而且对我很鼓励。他们都在湾区长大，有很多优势。当时我写了很多东西，因为我真的很享受写作和演奏自己的作品。

　　在旧金山州立大学，赖利师从罗伯特·埃里克森学习作曲，这位老师向他传授了勋伯格和韦伯恩的序列主义法则。而赖利自己的音乐基本上是有调性的——用他的话说是"对普朗克/米约的模仿"。同时，赖利继续追寻自己对爵士乐的兴趣，

钻研起前爵士乐时期拉格泰姆中的切分节奏和后波普时代泰罗尼乌斯·蒙克的革新。

1957年从旧金山州立大学毕业后，赖利（当时已经结婚，有家要供养）在美联航当售票员和行李检查工。后来他又为巴巴里海岸的金街俱乐部弹拉格泰姆。跟着当时很有名气的沃利·罗斯，他一边工作一边学习，掌握了各种拉格泰姆、酒馆音乐（honky-tonk）还有大跨（stride）钢琴风格。他记得当时俱乐部里满是"伪复古风，女招待都裸着上身。他们的口号是天天都是新年夜，到处是口哨声和爆米花。工作很不容易，但有沃利，我干得很带劲"。

1958年秋，赖利开始在加州大学伯克利分校听课，几乎立刻就认识了拉·蒙特·杨。后者给他看了《弦乐三重奏》的乐谱，并给他播放了演奏的录音。赖利完全被杨折服：

> 我知道，拉·蒙特的音乐是对时间的彻底打断。就像是待在一个时光胶囊里，漂到宇宙深处，等待着下一个事件的发生。我特别享受那种等待。这可能是我第一次接触类似禅的意境：不是等待下一个事物的出现，而是享受现在的等待。

赖利还被杨的人格魅力所吸引，将近四十年后，他的记忆依然十分生动：

> 拉·蒙特的各个方面都打动着我，他的生活方式、他所写的音乐，每个方面都与众不同。他极其古怪。他的穿着十分前卫，从来不穿袜子，留着一撮山羊胡，戴着贝雷帽，还留着长发。那时候还是五十年代后期，披头士还没流行呢。我也有其他朋友在旧金山，卷进了垮掉运动，我对垮掉一代很有兴趣。当我看到拉·蒙特的时候想："好家伙，这是个同道。"他对音乐的观念很新，我觉得跟着他可能会比跟着老师学得更多。

1987年，赖利回顾自己接触杨和他的音乐时说："就像是入

一张合成照片，约翰·凯奇和卡尔海因茨·施托克豪森是当时飞得最高的先锋艺术家，1958年

29

教，从此以后你的生命便不再相同。"公平而论，赖利和杨在彼此接触后，生命都不再相同。杨的观念和作品与自己所受的教育几乎背道而驰，急需赖利这样坚定不移的鼓励和支持。而赖利则把杨作为音乐和人格的楷模，把杨看作能写出做梦都想不到的作品的人。

1959年，杨前往德国达姆施塔特，在那里，欧洲先锋派的顽童卡尔海因茨·施托克豪森主持着一个新音乐国际研讨班。施托克豪森最近刚刚皈依约翰·凯奇的哲学，而杨对此知之甚少。"在达姆施塔特，施托克豪森开口必称凯奇，凯奇这，凯奇那的。"杨回忆说。虽然那年夏天没有演奏任何凯奇的作品，但杨有幸认识了钢琴家大卫·都铎——凯奇音乐在当时最重要的推广者，正是他于1952年首演了《4分33秒》。

秋天回到伯克利后，杨下定决心要把凯奇的哲学放进自己的作品。他记得凯奇的思想里最具影响力的是"他关于任何声响都能入乐的信念"。赖利回忆，有一天杨兴高采烈地对他说：

"假如以前他们说我太不守规矩,那就让他们瞧瞧我接下来要做的!"

杨所做的几乎把伯克利的作曲系掀了个底朝天——而赖利也必然地参与到这次冒险之中。"我的《三重奏》当时一直被排除在学院音乐生活之外,但当我从达姆施塔特回来以后,我已经是助教,我发现自己可以举办午间音乐会。"杨说。就是在 *30* 这些中午的活动中,杨在赖利的帮助下,把他最新的作品倾倒在毫无准备的学员们头上。

在《视觉》(1959)中,杨把礼堂的灯都关上,然后把各种非常规的声响播放出来,造成观众席的一片恐慌。在《桌、椅、凳子及其他的诗篇》(1960)中,杨在地上砸碎各种家具。还有一场特别的演出中,杨和赖利在草坪上有人剪草时抛接球,而场内,演员在煎鸡蛋,睡在睡袋里,玩弹珠或者散发传单。

1959—1960演出季,赖利和杨作为安妮·哈普林舞蹈团的驻团作曲家,创作出更多凯奇式的作品。赖利记得有一次在洛杉矶的演出:

> 我们把垃圾箱拖下剧院门厅的楼梯。观众们吓坏了,他们以为外面发生了地震。他们认为,音乐总是要伴随舞蹈的。但他们听到我们干的事情完全不明所以,因为我们在音乐厅里制造了巨大的动静。

1960年4月的《两种声响》似乎让事情达到了临界点。在这个作品中,杨在地上拖着一面大锣,而赖利则把垃圾桶朝墙上撞。这回,听众们开始大声咒骂;有些听众情急之下唱起了《星条旗》来对抗台上的表演。这种反应该是凯奇乐意见到的。

然而,伯克利音乐系的权威们并不乐意见到这一切。这时,杨和赖利都是二年级学生,很显然,杨的存在已经威胁到整个系的权威。赖利,虽然也不怎么讨系里喜欢,但似乎还在可控范围之内。所以,到了拨出下一年经费的时候,赖利得到了居住补贴,而杨拿到了旅行补贴——亦即,一张出城的单程票。"我在组织和售卖自己的观念方面很成功,我总是能说服同学们,我这么做是有意义的,"杨说,"学院急于摆脱我,是因为怕 *31*

我鸠占鹊巢。"

杨用这笔钱去了纽约。"我一到纽约就成了先锋派的宠儿,"他以典型的"谦逊"态度回忆道,"立刻引起了轰动,情况太理想了,我压根不想回伯克利去。"

离开伯克利之前,杨开始创作一系列作品,统称为《作品,1960》(下文简称《作品》)。几乎完全不用音符记谱,《作品》中包括对演奏者的文字指示,随后是对预期声响(或没有声响)的描述。《作品》在当年秋天于纽约完成,很值得罗列其中的一些:

《作品,1960 之 2》:在观众面前生一堆火……

《作品,1960 之 5》:在演出地放一只(或随便几只)蝴蝶。作品结束时,确保蝴蝶飞离现场……

《作品,1960 之 10》:画一条直线,沿着它走。

《为大卫·都铎而作的钢琴小品第一号》:搬一捆干草,提一桶水到舞台上来,让钢琴在那儿吃喝。演奏者可以亲自喂食钢琴或让它自己吃。如果是前一种情况,那么喂完,作品结束。如果是后一种情况,那就在钢琴决定吃或者不吃之后结束。

《作品,1960》中只有一部带有传统的记谱法,《作品,1960之 7》,只有一个纯五度(B - F♯)音程,"尽可能长地保留"。现在看来,《作品,1960》是一种后来被称为"概念艺术"的东西,杨也可以被算作这一种类的开拓者。在这类作品里,概念本身,而不是最后呈现出来的音响效果,才是最重要的。

没有凯奇的影响,《作品》不可能被创作出来,但杨逐渐开始偏离凯奇的实践道路。杨后来把这部作品称作"单一情节剧",而这正是它们与凯奇作品相背离的起点。杨在伯克利体验过凯奇所谓的多重事件,而如今他只打算在演出中将事件数量限制到唯一。似乎他是在"简约"凯奇——把凯奇的那种杂乱的材料精简到极致。"我想,真正让我走上不同道路的是我对静态的兴趣,"他说,"而凯奇的表演总是试图追求更多的方向。"

1960 年 10 月,杨到达纽约,住进了格林威治村银行街的一处公寓。他到东海岸的一个主要目的是跟随理查德·麦斯菲尔德学习电子音乐,因此他花了不少时间去上麦斯菲尔德在新

拉·蒙特·杨和小
野洋子在纽约，
1960—1961年左右，
当时杨在她家的阁
楼举办音乐会

学校的课程。有一次，杨在给研究生开讲座的时候，小野洋子走了进来，她立刻被讲座内容吸引。小野洋子后来成了曼哈顿最主要的观念艺术家，受到杨的作品的深刻影响。当时，她问杨是否愿意为她在市区的寓所组织一系列表演。

向来对自己社交能力充满自信的杨，巴不得接受这个提议。小野洋子的寓所位于下曼哈顿一处破旧区域（后来被称为翠贝卡①的地方），当时正受到许多激进艺术家的青睐。杨很快召集了一批志同道合的作曲家、画家和作家，创作了一系列在今天会被称为行为艺术的跨媒体作品。油印的节目单上注明："此类演出并非为了娱乐。"但这里的观众显然比伯克利的那些更认同此类作品。"音乐会很轰动，"杨回忆说，"据我所知，这恐怕是纽约城最早的替代空间②音乐会。纽约先锋圈子的大佬都来了——马塞尔·杜尚、约翰·凯奇、加斯帕·约翰斯、罗伯特·劳申堡，几乎说得上名字的都来了。" *33*

1960年12月到来年春天，小野洋子一直是音乐会的主持人，杨把自己在六十年代的几部作品放进了音乐会。1961年5月，他上演了名为"作品，1961"的音乐会，只有《作品，1960之10》——"画一条直线，并沿着它走"——重复二十次。这可以从字面理解也可以从象征意义理解——要么是真的在地板上用粉笔划线，要么是发出一种持续的低鸣声。

----

① 翠贝卡（Tribeca）是曼哈顿南部，钱伯斯街附近的一片居民区，房屋多为由厂房、仓库改建成的居民楼。这个区域的名称是"运河下方三角区"三个单词的字母缩写，有时也被译为三角地。——译注

② 替代空间指二十世纪六七十年代流行的，通过改造原先并非为艺术活动而建造的空间来从事艺术活动的做法。通常是把厂房、仓库改造成剧院、美术馆等。——译注

这一时期有一部作品卓然而立，因为其中充满几乎无穷尽的重复因素，题为《献给亨利·弗林特的阿拉伯数字（任何整数）》(1960)。这部作品要求发出很响的敲击声，并且随意重复多少次。有一次，杨用一把勺敲打一口煎锅六百下，另一次演出则在钢琴上敲打不协和的和弦一千六百九十八次。杨在此后的作品中尽可能避免有节奏重复的做法，但"亨利·弗林特"成了一部重要的作品，因为后来的简约主义作曲家都把重复当作他们音乐作品的骨干。

然而，杨很快对小野洋子和那些混合媒体的东西感到了厌倦。他打算让别人，特别是后来的激浪派表演艺术家，来探索他开创的概念艺术的戏剧性内涵，而他则渴望回到使用乐音进行创作的尝试：

我那时候很严肃地思考，究竟还要不要继续用文字进行创作，渐渐地我不再这么做。我认为虽然文字是日常语言的基础，更明确或实用，但抽象的声音更深刻，可以传递更多想象的概念。

没人，尤其是杨本人，能预测他将会探索怎样的声音。很快已经催生了简约主义器乐和简约主义概念艺术的杨，开始将简约主义推向他童年时的声音记忆,而不是曼哈顿下城区时髦的艺术家圈子。

赖利因为"好兄弟"的离去而感到沮丧,1961年春天,他在伯克利拿到了硕士学位。但此时,他已经逐渐和杨的简约主义疏离。杨一开始痴迷于持续音调,然后是概念艺术,赖利则逐渐转向把重复看作音乐结构。他在录音室里的磁带上尝试这种技术。

1960年前后,赖利开始试做循环带,一种可以无休止循环播放的声音片段。那时候,录音带技术还很原始,用到的都是不太可靠又很笨重的单声道录音机。他的第一部录音带作品,安妮·哈普林为舞蹈作品《三个脚的凳子》所做的配乐,名叫《M混音》(1961)。

《M混音》的素材包括话语、钢琴和各种搜集来的声响,有剪辑过的,也有原始形态的。为了在家里完成这部作品,赖利不得不采用一些非常规的手法。"我开始做带子的时候,把工作室放在车库里,地方不够大。于是只好跑到院子里,把带子绕在酒瓶上,好弄出三十英尺长的带子。然后用剪刀和胶带,真的非常简陋。"

无论赖利采用的技术怎么有限,他至少触及了一个很重要 *35* 的东西,那就是把重复作为音乐的主要结构要素。他意识到自己和杨走上了不同的道路。后来他这么说:

> 我想我注意到了,声音,你听一遍还是听几遍,它是不一样的。你听得越多,它们就变得越不一样。即便声音里的大多数东西不变,整体仍会改变。我立刻对此着迷了。我发现,这就是对稳定——杨一直管这个叫长音,我们用这个术语聊过很多——的一种不同的运用。那时候,美国已经开始出现迷幻体验,那完全改变了我们对时间流逝的看法,改变了人们在音乐中听到的东西。

毕业以后,赖利一刻也坐不住,立刻收拾好行囊,和他的妻子安妮以及三岁的女儿柯琳动身前往欧洲。中途在纽约稍作二十世纪六十年代的纽约艺术圈催生了波普运动。加斯帕·约翰斯是这一运动的代表人物，他时常同其他先锋艺术家一起出席拉·蒙特·杨的音乐会。右图是他的图像作品《0到9》，1960年

停留，看望了杨，然后搭船去西班牙。在那儿，他过着"嬉皮士的动荡生活"。他的大本营在巴黎，经常在弗雷德·佩恩的艺术家酒吧弹钢琴。他从那儿出发四处游历，到美军基地的军官俱乐部演奏。1962—1963年间，他甚至为一个巡游杂耍班子工作，他的任务是为吞火者和其他杂技表演弹伴奏，还要开巴士。

在伯克利，赖利已经接触过非西方音乐，曾经还听过印度西塔琴大师拉维·香卡的演奏。但他第一次深入接触非西方音乐还是1962和1964年两度前往摩洛哥的旅行。和约翰·科特兰一样，赖利对阿拉伯音乐中静态的和声和流动旋律的融合十分着迷。他尤其喜欢宣礼员在清真寺宣礼塔顶端召唤信徒祈祷的歌声。"记得当时，我认为的音乐本该就是这个样子，"1987年时他这么说，"而不应该像在音乐厅里那样，照本宣科。"

赖利忙于四处奔走，很少有时间作曲，但他还是得到一次机会，见识一下磁带科技比他在家摸索时有了多大的进步。剧作家肯·杜威邀请赖利为戏剧作品《礼物》创作一个配乐，这让赖利有机会进到法国国家广播电台的录音室里。他对一个"穿着白大褂的男性"工程师描述了他想要的回声效果，然后就好

奇地"看着这人一通忙活,把两卷带子挂在一起。乖乖! 就是我要的那种声音"。这位工程师把录音带同时挂在一台录音机的放音头和另一台录音机的录音头上,制造了赖利后来称之为"延时累加器"的效果。(这种设备的工作原理听上去简单,但解释起来比较麻烦:一台机器播放事先录好的一段声音,另一台机器将播放出来的声音再录制下来。随后第一台机器再把新录下的素材播出来,第二台机器又再一次录制播放的内容。如此循环往复,声音就不断累加起来。)

赖利就用这种重复技术写作了《为〈礼物〉而作的音乐》(1963),为此他录制了小号手切特·贝克和他的四重奏演奏迈尔斯·戴维斯的《那又怎么样》,然后把带子放进"累加器"里。但这时,他在欧洲的时日已经不多了。1963 年 11 月,肯尼迪总统遇刺,美军基地减少了他们军官的娱乐生活,赖利因而失去了收入保障,回到了美国。1964 年 2 月,赖利一家来到纽约,再次与杨碰头。后者这时已经结婚一年,他的妻子是画家玛丽安·萨奇拉。

1963 年,杨和萨奇拉搬进了曼哈顿下城区一处由工业建筑改建的寓所,一直居住至今。居住空间、排练区域和档案馆在这里混为一体,这所公寓作为杨的音乐活动中心有长达三十年的历史。在这里,赖利听了杨的最新作品。他肯定和当初听到《弦乐三重奏》时一样受到极大的震撼。因为尽管杨脱离概念艺术仅仅三年,但他已经走得很远了。

1962 年,杨事隔多年,再次拿起萨克斯管。无疑,他是受到了约翰·科特兰为代表的新爵士乐启发。科特兰改变了比波普音乐中标准的和弦进行,取而代之的是一段稳定持久的和弦,在这个基础之上,他用流畅多变的高音萨克斯管独奏进行即兴表演。杨,一方面为科特兰的尖利声音所吸引,另一方面痴迷于印度唢呐(Shenai)的嘹亮音色,决定选用萨克斯管族中最小的乐器——极高音萨克斯管。很快他又开始即兴演奏,但现在他迅速的独奏段落被置于完全不动的和声之上,这种和声仿佛是他童年时期周围环境中的嗡嗡声,又像是对《弦乐三重奏》的怀念。

为了给他的萨克斯管即兴演奏伴奏,杨组织了一个小乐

原始朋克乐队"地下丝绒"深受拉·蒙特·杨的影响

团。这个乐团的唯一任务就是提供一个稳定、持续的和声基础。1963年最初成型时，这个乐团包括萨奇拉的人声、安格斯·麦克里瑟的手鼓和年轻的威尔士人约翰·凯尔在中提琴上的持续音（凯尔当时刚到美国，为杨表演了两年之后，把他的很多艺术观念带到了原朋克乐队——"地下丝绒"的音乐中）。1964年，几乎天天和杨一起排练的扩大了的乐队得名"永恒音乐剧场"。

然而，杨又一次放下了萨克斯管，他觉得这个乐器根本达不到他对绝对音高的追求。现在他加入"剧场"担当人声，添加了又一个人声的哼鸣。超长时间的演出，配合萨奇拉设计的令人恍惚的灯光，"永恒音乐剧场"旨在消解对时间流逝的体验。很难想象，还有比这更朴素、更缺乏动感的简约主义了。

杨并不是什么不切实际的嬉皮士，想用他的表演令石化了的观众进入半迷幻状态。他回到这种绵长的、持续的音调是因为他对调音理论全新的兴趣。尽管在他的《作品，1960之7》（尽可能长地弹奏一个纯五度）中，他已经注意到，这个音程发展到持续音的阶段，各种和声会弥散在空间里，为表面的稳定带来底部的颤动。在《中国四梦》（1962）中，他让乐队的四个成员每人发出一个尽可能长的音高，进一步探索似乎闪烁在乐队上方的隐秘和声。

逐渐地，他意识到应该对保留哪个音高，制造出哪个和弦加以控制。他放弃了自巴赫《平均律键盘曲集》时期就一直是西方音乐根基的等分律制，转向纯律体系——毕达哥拉斯在古希腊时期归纳，而许多非西方音乐至今仍在使用的律制。在自然界中，每个乐音并不仅仅包含我们所听到的那音高，而是在其上回响着一串泛音。在纯律体系里，音阶的每个音高都是依照这些泛音的音高确定的——所以，当杨声称自己的律制是依照宇宙振动频率定下的，并不算非常夸大。

一旦杨决定采用"纯律"，他的做法就和当初钻进序列主义和概念艺术时一样专注。有一天，当乐队在他的寓所排练时，他听到养乌龟的水箱泵发出一种低鸣，可能很像他年轻时候听到的变压器声响。他立刻决定改装这个泵的马达，用它的声音作为基础频率，然后乐队的其他成员相应寻找各自的音高。

这样，《乌龟，它的梦想与旅程》这部作品就从 1964 年开始构思了，直到三十年后的今天，仍在进行中，因为每次演出都有细微的不同。用很响的音量演奏一段时间之后，"乌龟"的基础低音上就开始萦绕某种和弦了。（随着科技进步，杨不断将水箱泵的马达换成正弦波发生器，而后是合成器，最后换成了电脑。）

1964 年在纽约短暂停留时，赖利聆听了"永恒音乐剧场"的排练，如今他用"恒河日出"来形容那种震撼。同时，他还听了杨于 1964 年开始的另一个项目，他的巨型作品（仍在继续）《调制钢琴》。杨把钢琴调成纯律，这是一个需要数周才能完成的工作。一开始，习惯了西方音乐的耳朵或许会觉得钢琴走调了，随后就会发现，它展现出比传统乐器更丰富的产生谐振的能力。

1974 年，杨得到自己的第一台贝森朵夫，在罗马首演《调制钢琴》；1976 年，他又得到一台贝森朵夫帝王级，在不来梅电台演出了三场（后来，这两台琴都被迪亚艺术基金会买断专供杨使用）。杨至今仍在弹奏这两台琴，并且坚持要和萨奇拉的装置《品红灯光》一起演出。悬空的霓虹灯管发出各种品红和蓝色的光，影子逐渐变换颜色，如同杨放大了的音乐，一些重复的

39

"永恒音乐剧场"典
型的七十年代迷幻
风格：拉·蒙特·
杨和玛丽安·萨奇
拉在梦屋表演

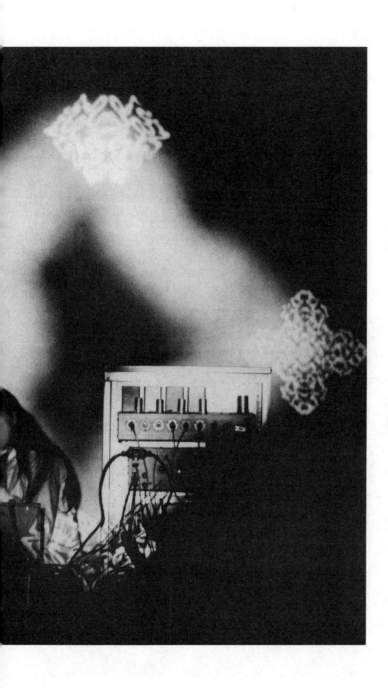

和弦和旋律,不知不觉地随着时间而变化。而时间似乎是多得用不完的东西。杨演奏的《调制钢琴》可以持续六个小时不间断(1981 年的那个商业发行录音,持续了五个小时)。演奏过程中,杨通过半即兴的手段制造一种他称为"云"的声音——音本身弹奏很快,其回声萦绕在钢琴上,如同云雾一般。

若说这是简约主义,那么这是简约主义的一种神秘主义、宗教仪式性的变体。1970 年起,杨、萨奇拉和赖利成为印度歌者潘迪·普兰·纳特的弟子。《调制钢琴》在气质上,如果不是说实质上,可以被比拟作一种缓慢展开的拉格。留着长长灰头发、编了胡子、穿着宽松道袍的杨,看起来像个十足的上师。当他谈起《调制钢琴》的时候,他用的是一种仪式性、充满灵性的语言:

印度声乐大师潘迪·普兰·纳特和他的弟子:拉·蒙特·杨、特里·赖利以及玛丽安·萨奇拉,得克萨斯州休斯敦,1981 年

> 为了尽可能与最高的启示合拍，我尽量不让自己 *43*
> 的意识介入到创作的过程。在我摆脱了先入为主的
> 束缚之后，音乐在我体内以一种我无法预知的方式流
> 动。我弹奏《调制钢琴》之前，都要先虔诚地祈祷，希
> 望自己足够纯洁、足够有力，从而能昭示体内灵感的
> 源泉。自然，会有一些材料是过去我演奏过的，因为
> 这是创作和发展技巧的一部分。但在最佳状态下，我
> 会弹奏出我根本想象不到的东西。

1964 年春天，赖利回到旧金山。尽管脑子里满是杨的音
乐，他自己的创作却从未动摇。现在，他比以往更专注于将重
复看作音乐的结构。他接下去要做的将是以他自己从未想到
的方式改变二十世纪音乐的进程。

1964 年 11 月，旧金山磁带音乐中心举办了赖利作品专场。
音乐会的重头是赖利的新作，一个月前完成的《C 调》。小小的
演出场地里挤进了一百五十人，围坐在音乐家的周围。人们交
头接耳，因为他们听闻这将是很特别的演出。灯光逐渐暗下
去，两台投影开始播放彩色的光和抽象图案，十四位演奏家投
入扣人心弦的《C 调》开篇里。

"我们当时都很兴奋，因为排练很成功，这作品听起来非常
独特，每个人都为之振奋，"赖利回忆说，"听众同样很投入，那
是非同寻常的时刻。"几天后，评论家阿尔弗雷德·弗朗肯斯坦
为《旧金山时报》写了一篇热情洋溢的评论："这种原始的音乐
不停地进行下去……有段时间，你简直觉得听这样的音乐是你
一生中花费最长时间所做的一件事情，似乎这音乐会一直持续
下去，永远没个尽头。但很吸引人、令人幸福也很让人感动。"这
下，不仅赖利突然以作曲家的姿态出现在人们面前，一种全新的
音乐，后来被称为简约主义的音乐也开始积攒下第一份赞誉。

通过《C 调》，赖利获得了前所未有的收获。《C 调》令简约 *44*
主义在经济上获得成功，将简约主义从私人寓所和画廊——也
就是杨的音乐注定永远滞留的地方，带进了摇滚俱乐部。它也
将简约主义放上了唱机转盘，1968 年哥伦比亚公司录制了这部
作品，随后出版的密纹唱片标志着这一运动在商业上的成功。

赖利此时投身于早期迷幻运动,当时正是公共集会、感知改变特别流行的时候,旧金山亚文化正达到它的巅峰。旧金山的摇滚乐现场充斥着毒品;杰斐逊飞机乐队那首公开赞扬药物引发幻觉的歌《白兔》(1967)只是无数例子中的一个。直到今日,赖利仍倾向于多谈《C调》难以捉摸的气质,而不是技术上获得的突破。"我觉得这就像是音乐上的炼金术或者魔法,"他说,"我从音乐中寻找精神上的方向,渐渐地你就失去了对自己的感知,让自己迷失在声音的迷宫里。"

然而,这座迷宫独特的结构将被证明具有最深远的影响。《C调》仅有一页乐谱,总共包含五十三个不同的音乐模式,都是很小的碎片。演奏者可以随意重复演奏这些模式。等他厌倦了某种模式,就继续演奏下一个,然后再随意重复那个模式。就这样,所有音乐家(没有明确标记用几位演奏者,也没有明确标记他们分别演奏什么乐器)就按这种方式逐渐按照自己的步调,从模式一演奏到模式五十三。最终大家都达到模式五十三的时候,作品就结束了。

假如你把每个短小的模式都看作是一小段循环录音带,那你就不得不赞叹赖利成功地将录音室里的想法带到了现场表演当中。而且,《C调》从赖利的"累加器"中也得到很多启示,某个模式的不断重复并和其他模式叠加会让音乐的织体变得渐渐丰厚起来。

《C调》那种近乎混乱的乐趣源自现场表演的随机性。毕竟,演奏员到底会在每个模式上停留多久是完全不可预测的。因此每次演出时,每个小短句被重复的次数都是不一样的(实际上,甚至连表演本身也可能短至不到一小时抑或长达数个钟头)。演奏员必须彼此倾听,作出相应的回馈,这种半即兴的风格源自赖利钟爱的爵士乐。这样一来,他们都参与到这部作品的创作当中,看起来如同一次快乐而投入的礼拜仪式。

不仅《C调》中采用的无休重复十分重要,相较此前的简约主义作品,这部作品重申了调性作为新音乐组成力量之一的可能性。作品的标题应该从字面加以理解:《C调》毫不掩饰地表明了C调性,而这时,新音乐世界里,无调性序列主义仍然占

沉思中的特里·赖利，演奏他的《键盘练习曲》，纽约，1963 年

据着统治地位。这部作品的重复力量建筑在稳固、无休的节拍上，被叫作"脉动"，由一位别的什么都不干的演奏家，在键盘乐器上敲击一连串 C 音来提供。重新投入明确调性、固定节奏和机械性重复的怀抱，赖利等于对封闭的、过度理性化的主流新音乐圈子下了战书。无怪乎，《C 调》成了简约主义闯进广大市场的入场券。

　　携《C 调》成功之势，赖利于 1965 年秋天抵达纽约，渴望为自己的作品赢得更多听众。而杨仍然沉醉在自己的"永恒音乐剧场"当中。赖利加入了他的剧场，取代了日渐忙碌，和洛·里德组建"地下丝绒"的约翰·凯尔。赖利成了剧场的一支人声，他记得被分派在一个电子设备发出的低音上唱一个持续音高。他依然推崇杨和他的音乐，但对无规划的排练感到沮丧：

46

　　　　拉·蒙特说："我们明天一点钟排练。"于是我第二天下午一点到现场，结果经常要拖到晚上六七点以后才能开始排练。假如我们真的排练的话……这是我和拉·蒙特合作时的问题之一，他的时间观念跟其他人都太不一样，要跟他混，你就必须捐献出大部分你自己的时间——他就像个引力中心，把周围人的时间都吸走，没人能逃脱。

47

　　1966年夏，赖利逃脱了"永恒音乐剧场"，开始了自己独立的项目。同年，在约翰·科特兰和杨的影响下，他自己买了一支高音萨克斯管，自学了足够的技巧后推出了一部新的作品《无良罂粟和幽灵乐队》(1967)。和《C调》一样，"无良罂粟"采用短小的旋律模式，不断重复和叠加。但"无良罂粟"是按照可供现场表演的独奏作品来设计的。盘腿席地而坐，面前摆放两台立体声录音机，赖利朝一个麦克风里吹奏萨克斯管，延时叠加装置让他构建起非常浓厚的，如同万花筒一般的织体。在相互交织的半即兴萨克斯管调子底下，是一台电子管风琴的轰鸣。赖利本质上就是个一人乐团——标题里的"幽灵"就是由现场表演与录音带技术制造出来的回声。

特里·赖利制作录音带作品，用的是1968年最先进的便携式磁带录音机

电子马戏团的观众们，这是当时最有名的迷幻摇滚俱乐部，纽约，1967年

　　他很快又把这一技术运用在键盘乐器上，于是创作了《曲空中的彩虹》(*A Rainbow in Curved Air*，1968)。这部作品色调明亮，充满无穷的重复和稳固律动的旋律模式——采用当时先进的八音轨技术，使其叠加到令人眩晕的浓度。《曲空中的彩虹》和同年出版的披头士《白色专辑》一样，具有"权力归花"①的意味(这部作品也为后来七十年代崛起的新世代音乐提供了原动力)。通过"罂粟"和"彩虹"两部作品，简约主义成功地弥合了阳春白雪的音乐会音乐同流行文化接受之间的鸿沟。

　　没什么比赖利于1969年4月14日出现在电子马戏团更说明问题的了。位于东村圣马可街的电子马戏团是鼎鼎大名的迷幻摇滚吧。赖利回忆起那段迷迷糊糊的记忆，仿佛梦中一般： *48*

　　　　披头士的《佩珀军士》②当时很热门，因为，我记得音乐会上演了《缀满钻石天空中的露西》。店里用了频闪灯、聚酯薄膜和投影来制造光效。然后就是六十

---

① 权力归花，也被译作鲜花力量、权力归于鲜花等，是美国二十世纪六十年代学生反战运动中的口号之一。——译注
② 披头士乐队1967年发行的一张专辑。——译注

年代那种混杂的人群，既有嬉皮士，也有西装革履的
学院派，后者是来看看有什么新音乐的。

在一个助手的帮助下，赖利表演了"罂粟"和"彩虹"两部作
品。显然，他在高音萨克斯管和电子键盘上的出众技巧，令《纽
约时报》的首席音乐评论家哈罗德·勋伯格都赞不绝口。当晚
的听众当中，年轻的（且尚不出名的）菲利普·格拉斯一定对这
种大音量的机械重复和摇滚乐一般的配器法印象深刻。

1969 年，赖利的市场欢迎度达到顶点。哥伦比亚公司新出
了一张他的专辑，里面包括"罂粟"和"彩虹"，唱片封套的说明
上却染上了六十年代的反战字样："然后，所有的战争都平息
了。人们解除了各种武装，将武器送进巨大的工厂，重新融化
成金属交还给大地。五角大楼荒废了，被漆上紫色、黄色和
绿色。"

多亏了这样的专辑，简约主义音乐——当时这种音乐尚未
得到这个命名——被推向大众。但一直没什么野心的赖利回
到了加利福尼亚，逐渐淡出公众视野。二十世纪七十年代开
始，大部分时间里赖利没有继续创作。他加入了杨对印度音乐
的深入研究，剩余时间则在钢琴上进行即兴弹奏。这时，简约
主义的圣火传递到下一位作曲家手中，他参与了 1964 年《C 调》
在旧金山的首演。他的名字叫史蒂夫·赖什。

第二章

年轻的史蒂夫·赖什，沉浸在音乐演奏中

施托克豪森、贝里奥和布列兹，他们都是真实地从二战后满目疮痍的大陆汲取创作灵感。但一些 1948、1958 或 1968 年的美国作曲家——生活在高尾翼汽车、查克·贝利和汉堡包的世界里——却假装自己有着维也纳式的焦虑，实在是一个谎言，音乐上的谎言。

——史蒂夫·赖什，1987 年

史蒂夫·赖什,简约主义者

　　让我们把木材堆、铁路小镇和广袤的美国西部放在一边。史蒂夫·赖什生长在纽约市区域,正如孤立的西部环境塑造了杨和赖利的音乐感受一般,这座城市的环境塑造了他的全部音乐感受。尽管生于1936年10月3日的赖什只比杨和赖利小一岁,但他看起来更像是下一代人——不仅因为他早年的简约主义语言取自那两位,而且也因为他成长的城市环境更接近我们的时代,而不是蛮荒的西部。

　　赖什舒适的中产阶级童年也和另两位粗放、凌乱的工人阶级背景有着剧烈反差。但优越的经济条件并不能弥补缺少欢乐家庭生活的童年。赖什的父亲伦纳德是个律师,母亲琼是歌手和词作者,两人在他刚过一岁的时候就离婚了。因此,他的童年有段时间需要坐火车往返于父亲寓所所在的纽约曼哈顿和母亲在洛杉矶新建立的家庭之间。倒是保姆弗吉尼亚和他更为亲近一些,这位保姆每次都要陪他坐火车。他后来说:"我最终和父亲生活在一起,因为我母亲那时候看起来更专注于她的职业生涯。相比之下,我父亲倒是更愿意花点时间来照顾我。"

　　赖什的父母都有欧洲犹太背景:他的祖父母分别来自波兰的克拉科夫和匈牙利的布达佩斯,外祖父母则来自奥地利维也纳和德国科布伦茨。他母亲的家庭更具音乐背景。外公从事珠宝行业,但业余时间弹奏轻歌舞钢琴,所以,赖什有关音乐的最初记忆来源于外祖父在键盘前弹唱的流行歌曲。他的母亲写歌词(唯一一首出名的歌名叫《爱是简单的事》,有点讽刺意味),也是职业歌手。1956年,她甚至登上百老汇年度汇演《新面孔》,赖什称之为"瞎猫撞到死耗子般的成功"。

　　赖什的父亲跟音乐没什么关系,但他坚持让儿子多接触古典音乐。"我父亲认为,去上钢琴课很重要,他完全出于一个中产阶级的观念看待这事，"赖什不无讽刺地说，"我七岁开始学琴。其实挺不情愿的，学琴有种说不出的味道，十岁就不学了。"

十四岁时，赖什已经住在高档的拉齐蒙区，那一年他经历了三次重要的顿悟。他发现了巴洛克音乐、二十世纪音乐和比波普音乐。"我有个朋友会弹钢琴，我们那时候都对爵士乐产生了兴趣。同时，还有另外一个听了很多古典音乐的朋友，是他弹了《春之祭》和巴赫的音乐给我听。"所有这些都给他留下了深刻的印象。"到那时，我还从没听过任何形式的巴洛克音乐，所以我听到了一种很不熟悉的风格。我听过贝多芬《第五交响曲》、舒伯特《未完成交响曲》和《纽伦堡名歌手序曲》，都是中产阶级的最爱。巴赫不仅让我开始探索巴洛克音乐，也让我对更早的音乐产生了兴趣。从历史上来说，巴赫就是一个向后看的信号。"斯特拉文斯基的《春之祭》无疑是向前看的信号。

史蒂夫·赖什成长于二十世纪四十年代喧嚣的曼哈顿上城区

52

史蒂夫·赖什青年时代的偶像之一是迈尔斯·戴维斯,图为他在洛杉矶演出,1968 年

"就像是一吨砖砸向了我。我还从没听过任何二十世纪的音乐。就像是有人给我打开一扇门,说道:'你在这里住了一辈子,却从没朝这扇门里看过。'我简直不能相信,世上真有这样的音乐。"

可能赖什印象最深的还是比波普。尽管赖什很崇拜查理·帕克,但实际上是鼓手肯尼·克拉克引起了他的注意。扔下学过四年的钢琴,赖什这时候决定要学打鼓。他的父亲安排他跟罗兰·科洛夫——今天纽约爱乐乐团的首席定音鼓手①学习。赖什回忆说,当年他们一直专注于小鼓技巧以及对鼓槌的控制。上完课他就一头钻进地下室,不受干扰地练习起来。很快,他就和他的钢琴手朋友组成了一个比波普乐团,最终还发展成一个五重奏。(当然赖什并不知道,就在差不多同一时期,杨和赖利也在遥远的加州搞爵士乐队。)

1953 年,十六岁的赖什早早进入纽约州伊萨加的康奈尔大学学习。此时,他对音乐的兴趣暂时被搁在一边。周末,他在乐队里打鼓,在各种兄弟会和黑麋鹿聚会上表演。(他回忆说:"那时我们尽可能听起来介于乔治·谢林和迈尔斯·戴维斯之间。")但他当时真正专注的是哲学,最终他的论文是关于前些

---

① 罗兰·科洛夫于 2006 年 3 月去世,本书写作时他仍在世。科洛夫在纽约爱乐乐团担任定音鼓手长达三十二年。——译注

年刚刚访问过康奈尔大学的路德维希·维特根斯坦的晚期著作。

若不是音乐史教授威廉·奥斯丁的鼓励，赖什恐怕还要把自己认真学习音乐的事儿往后推。奥斯丁的课不仅会上常规的音乐史内容，也鼓励学生涉猎早期音乐、二十世纪音乐、非西方音乐和爵士乐，等等。"他的秋季课程从格里高利圣咏开始，一路说到巴赫去世，然后直接跳到德彪西、斯特拉文斯基、巴托克和勋伯格，还有爵士乐。他的观点是二十世纪对固定速度有种回归，重拾对位法，对动态不做极端的追求。"

奥斯丁的高屋建瓴巩固了赖什的直觉。如今，赖什终于明白为什么自己会同时被巴赫、斯特拉文斯基和比波普吸引。他未来的创作将始终关注稳定的律动、清晰的调性和严格的对位。直到今天他还说："随你信不信，我对从海顿到瓦格纳的音乐一点儿兴趣都没有。"

等到快要结束在康奈尔的学业时，赖什越发觉得自己应该转向作曲，然而他很担心这时候换专业有点太晚了：

哲学家路德维希·维特根斯坦(1889—1951)是史蒂夫·赖什本科论文的关注对象

> 这是一种随着年级上升而不断累加的迫切，我已经给哈佛交了申请，去学哲学，录取通知都来了。但我正准备收拾的时候突然发现，我应该去纽约学作曲。所以在我最后难以作出取舍的时候，奥斯丁给了我许多鼓励。当然不能指望我父亲帮我作这样的选择，他只是说："你疯了吗？现在做这种事太晚了吧，你怎么不去学劳资关系研究呢？"

伦纳德·赖什并不主张儿子学哲学，不过更不主张他学音乐。"仿佛我已经迷上了什么不受待见的东西，而这下我干脆从地球上飞出去了。"

1957年夏天，赖什从康奈尔毕业回到纽约城。秋天，他开始跟随霍尔·奥维顿学作曲。奥维顿是古典作曲家、爵士乐编曲，为比波普钢琴家特罗尼乌斯·蒙克和他的乐队写过很多东西。但奥维顿对赖什的训练严格按照传统进行，依照的是兴德米特的教材和巴托克的《小宇宙》。

54

很快,赖什进入茱莉亚音乐学院,于是不再演奏爵士(正如杨进入加州大学洛杉矶分校时一样)。赖什和他的朋友阿瑟·墨菲出入纽约各大爵士俱乐部,听荷拉斯·希尔沃、阿特·布莱基、迈尔斯·戴维斯、查理·明戈斯的演出。但在茱莉亚,他只关注本专业——作曲。

他的研究生阶段一开始就跟两位美国学院派作曲家合作,威廉·博格斯马和文森特·珀西切第。那时候,茱莉亚是保守的美国调性音乐堡垒,赖什反倒是在课外发现了彼埃尔·布列兹、卡尔海因茨·施托克豪森和卢恰诺·贝里奥的序列主义音乐。"我觉得就像是面前开来一辆很大的汽车,上面装满了人,我很好奇这车上都有些什么。这辆车就叫韦伯恩、施托克豪森和布列兹,于是我上车了。"

早在二十世纪二十年代,阿诺德·勋伯格创造了一种新的作曲法——十二音技术,让他得以用系统性的方法写作无调性音乐。整部作品中的素材基于一个由八度内十二个音构成的特定顺序(即音列),这个顺序在整首曲子里保持不变。在音列里的音都依次出现过之前,不能重复任何特定音高,因为一旦这么做就会产生调性中心。似乎是觉得这种作曲法还不够数学化,战后的一批作曲家,如巴比特、布列兹、施托克豪森和贝里奥追随勋伯格的弟子安东·韦伯恩,开始将十二音技术扩展到音高以外的参数。在新兴的"整体序列主义"中,一条预先安排的数字化的序列不仅应用于音高,还用于控制音量和节奏等。赖什和他的朋友们此时就面对着这样高度理性化的创作方式。

赖什在茱莉亚的最后一首作品也是他第一首序列主义作品,为弦乐队创作,但对十二音序列加以特别的处理。"要让我处理十二音技术,我唯一能做的就是让它保持不动、不逆行、不变化。我的耳朵就这么告诉我:'听,如果你要用这样的技术,就只能这么做。'"

换言之,赖什把音列当作一种停滞来看待。但他的这种停滞不如杨在《弦乐三重奏》中表现得那么极端,他记得自己曾在茱莉亚听过这首作品。"我听过一盘《三重奏》的带子,我觉得他疯了,菲尔·格拉斯也是。"

鉴于赖什和格拉斯后来如此水火不容,真难以想象他们居然曾是茱莉亚的同窗。他们的确一同上过课,也定期参加作曲家论坛。可能经历了多年的交恶,如今,赖什对当初的回忆都持负面态度。"我和菲利普初识时,就有一种化学上的相斥。后来我曾跟他的某个前女友交往,可能进一步加剧了我们并不怎么顺畅的关系。"直到 1967 年在纽约,他们的道路才再次交汇,那一次产生了历史性的后果。

没过多久,赖什直接从茱莉亚肆业。1961 年初,他逃到巴尔的摩,秘密结婚,这时他开始渴求新的自由。

垮掉一代的象征:
杰克·凯鲁亚克

> 我和父亲的关系终于崩溃了,和他同在纽约,哪怕只是想到他就在纽约这件事都让我难受。那时候也正是杰克·凯鲁亚克最出名的时候,旧金山简直就是逃离东海岸和"稳定生活"的圣地。我觉得我几乎一辈子都在纽约,旧金山真是太浪漫、太有吸引力了。所以,就和很多美国人一样,我向西走了。

来到旧金山以后,赖什试着继续他的研究生学业。最终他选择了奥克兰米尔斯学院,只为一个理由:"我听说贝里奥要来当老师,当我听到这消息,就决定了。"

六十年代早期,意大利作曲家卢恰诺·贝里奥总是被当作施托克豪森和布列兹的同类——序列主义者。但他实际上是最不严格的一位,同时,以典型的意大利式风格看,他是三人中旋律性最强的一个。赖什从贝里奥早期的磁带音乐中大受启发,这些作品有用电子方式处理过的语言。等他进入米尔斯学院,便一头扎进了贝里奥的序列音乐世界。(他还短期随一位访问教授,法国作曲家达里乌斯·米约学习过,但觉得他"又老又弱,完全只剩一种回忆"。) *56*

在米尔斯学院的日子里,赖什跟贝里奥学了三个学期。尽管研究内容包括韦伯恩和贝里奥自己的作品,但基本只关注十二音技术。"非常有趣,"他回忆说,"就像是跟着一个大犯人重返罪案现场一样。听到如此直接的讲述,我觉得我根本不必再为此去一趟达姆施塔特了。"

赖什说到"罪案现场"当然只是开玩笑。但他的玩笑藏着一个真实的内情。尽管他推崇这种对序列主义作品的系统性的分析，但他很快发现自己反感任何形式的无调性音乐。他也越来越觉得序列主义与他所处的周围环境——六十年代旧金山的初期嬉皮运动——格格不入。1987 年他对爱德华·斯特里克兰说："施托克豪森、贝里奥和布列兹，他们都是真实地从二战后满目疮痍的大陆汲取创作灵感。但一些 1948、1958 或 1968 年的美国作曲家——生活在高尾翼汽车、查克·贝利和汉堡包的世界里——却假装自己有着维也纳式的焦虑，实在是一个谎言，音乐上的谎言。"在另外一些场合，他也用很激烈的方式声明："五十到八十年代美国爵士乐和摇滚乐的声音不能被忽视。你可以提炼它们、过滤它们、拒绝它们或者部分接受它们，但绝对不能忽略它们。否则，你不是有鸵鸟心态，就是自我封闭。"

赖什当然不是自我封闭的人。和此前的杨或赖利一样，他也被约翰·科特兰的调式爵士吸引。他一边跑到旧金山的爵士工坊去看科特兰的演出，一边又沉迷于摩城唱片（Tamla Motown）推出的，以重复节奏型为特点的新灵魂乐。于是，他开始认为贝里奥追求结构上的复杂性是很无意义的。"白天我在米尔斯学院，晚上去爵士工坊。一边是一群人在写作非常复

57

调式爵士的先驱约翰·科特兰在阿姆斯特丹表演，1962年；赖什经常观看他在爵士工坊的表演

杂的作品,几乎没人能演奏——而我甚至觉得他们自己的脑袋里也不见得知道自己写了什么。另一边则是一个人走上舞台演奏他的乐器,却美得让人无法抗拒。"

因此,赖什终将直面贝里奥。看过赖什在茱莉亚时期创作的,那首让十二音音列保持不变的弦乐队作品之后,贝里奥不无嘲讽地评点了一下,这让赖什立刻采取了行动。

> 贝里奥注意到我的那部作品里让一个音列不断重复,直到变成一个固定的东西,他就对我说,如果有一天"你想要去写调性音乐,那为什么不现在就开始写"?他的这个评价非常有用,因为我一下看到我直觉当中想做的是什么。我记得,当初刚进茱莉亚的时候,就感觉到一种分裂,一面是他们扔给我当作模范的无调性音乐——无论是十二音或者自由无调性,另一方面,又是好比约翰·科特兰的,只用一两个和弦为核心的音乐。真正能打动我的音乐,始终是那种有着调性中心的作品。

但是,1963 年,赖什在米尔斯拿到硕士学位时,学院已经再也不是写调性音乐的地方。于是,赖什没有试图在大学里谋个 58 职位,而是决定当自由职业者。一开始,他在一个社区音乐学校里教书,但很快觉得工作太重而薪水太低。于是他开始开出租车,这让他有了更多自由时间,也挣了更多的钱。

他在米尔斯的最后一个学期,加入了旧金山默剧团,他称之为"街头流动小剧团"。默剧团的总部设在旧金山传道区的一所废弃教堂里,除了在城市的公园里演出,他们也在那里进行表演。赖什回忆说:

> 他们搭一个可移动舞台,然后在上面演些喜剧风格的故事。舞台上总是有一个潘塔隆、一个彼埃罗、一个博士①,但主题都是跟当代和政治有关的。那种

---

① 潘塔隆(Pantalone 或 Pantaloon)、彼埃罗(Pierrot)和博士(Dottore)都是意大利喜剧中的固定丑角人物,根据每次演出内容的不同,而有不同的人物关系设定。——译注

自由自在的工作氛围很好。他们偶尔也会在室内表演；那时候就需要布景或者灯光什么的。这正是我一直追求的。默剧团的观众通常都是其他艺术家，都是我很想结识的人，而不是那些每天下午四点准时出现在米尔斯学院讨论会上的作曲家们。

在默剧团，赖什为《愚比王》（1963）写了配乐。这是威廉·惠利的一部"达达派反戏剧"，赖什为这部作品谱写的音乐用了很不常规的组合，小提琴、单簧管加卡祖哨（后者实际上是本地电力公司——太平洋能源与电力用来在建筑工地警示过往车辆的哨子）。后来，他又改编了史蒂芬·福斯特的歌曲，配在《噢西瓜》（1965）中，这是一部默剧团上演的伪巡游剧，隐藏着对美国社会种族歧视的控诉。

1962年，赖什已经开始用磁带进行创作，和赖利一样，他对循环带特别有兴趣。1963年，他开始和电影人罗伯特·内尔森（两人在默剧团相识）合作《塑料剪发》；配乐以唱片《体育的伟大时刻》作为原始素材，制造出拼贴效果。更具冒险精神的《生计》（1964），他在自己的出租车里装了一个麦克风，把乘客和他的对话录了下来。最后的三分钟录音带包含了快剪的对话碎片、汽车机械声和开关门的声音。

59

出租车挤满第五大道街头，1962年

但窝在录音室里剪辑磁带会减少公开演出的机会,而赖什一直认为,作曲家需要在自己的乐队里进行表演。从米尔斯毕业之前,赖什已经组织了一支小乐队,由小提琴、大提琴、萨克斯管、钢琴和作曲家本人担任的鼓手组成(其中两人后来有了自己的演奏生涯,键盘手汤姆·康斯坦丁后来加盟了感恩之死乐队,萨克斯管手乔·吉布森如今在菲利普·格拉斯合奏团)。

显然,他的五重奏所作的一些即兴表演是一种古怪的学院式无调性音乐和自由爵士的混合体,赖什自己都觉得有点让人失望。"我觉得不写就得不到什么好的效果,因为我们的即兴演奏完全没有传统可以遵循,"赖什回忆道,"对作品有越多控制,最后的效果就越好。"1963年11月,他试着让自己的小组按照音高谱来演奏。这种乐谱只规定了演奏使用的特定音高,但没有规定节奏。

1964年秋天,赖什的小组在默剧团进行了一场演出,观众中有一个人很不喜欢听到的东西,中途就退场了。那个人是特里·赖利,他完全不喜欢赖什的乐队。"在我看来,那是纯粹的自我放纵;尚没有任何的方向。打击乐很响,没什么东西让我觉得值得留下来听下半场演什么。"

60

赖什注意到赖利的提前退场,因为当时赖利已经是旧金山新音乐圈子里的名人。于是,第二天赖什就来到赖利的录音室跟他对峙。"我那时候跟他住在一条街上,"赖利回忆道,"我把钢琴放在车库里。他过来敲响了车库的门,说:'你为什么昨晚听到一半就走了?'我们那时候还没正式见过面。等到那阵尴尬过后,我们坐下来开始聊天,跟他聊天非常有趣。"

赖什记不太清楚他与赖利会面的细节了,只是称赖利的回忆"有点虚构成分"。但他没有忘记那天下午赖利给他看的音乐。那是只有一页谱的《C调》,上面写着五十三个小片段。就像杨的《弦乐三重奏》曾打动赖利一样,《C调》让赖什有醍醐灌顶的感觉。他立刻提议让自己的小乐队加入这部作品的首演。

《C调》的排练开始以后,赖利回忆说赖什"给予了坚定的支持,并提出很多建议"。有一条建议对于《C调》的成功至关重要。赖什说:"排练时遇到的一个问题是,没法始终保持统一

的律动，作为一个不错的鼓手，我提议说：'为什么不用一个人专门敲击 C 音来保持节拍？'于是我为这部作品贡献了'律动'，我那时的女朋友就在钢琴上反复敲打这个 C。当然，这次排练给我的收获比我的付出多，但我提供了这一点。"

实际上，他的最大收获就是给他尚未有任何方向的作曲生涯提供了一个明确的目标。《C 调》展现了一种以清晰调性和稳定律动为基础的新音乐，也展现了循环概念在作曲上的可能性。尽管曲子一开始所有演奏员都在重复同样的小片段（似乎大家在一个统一的效果里），但随着作品的进行，他们逐渐地滑向不同的地方。《C 调》首演给赖什极大的启发，他决定要找到一条属于自己的运用重复结构的方法。"我想以此为自己的起点，看看能走多远——《要下雨了》就是我的第一个答案。"

1964 年秋天，赖什带着自己的录音机去旧金山联合广场，录下了一个年轻黑人传道士布罗特·沃尔特关于大洪水的布道。他知道，沃尔特的旋律性嗓音非常适合用来做录音带作品，但他仍不确定自己该怎么运用这些素材。一开始，他试着做一个类似《生计》那样的拼贴作品。但《C 调》给他提供了新的方向。

赖什把沃尔特声情并茂的"要下雨了！"这句话录制在两个循环带上，把它们放进了两台录音机。可能是因为经济拮据，买的设备不那么可靠，赖什发现，两台机器虽然都在不停重复那句话，但逐渐地就不一致了（或者用他的话说"不同相"了）。

《要下雨了》（1965）就这么诞生了，这是赖什第一部成熟作品。一开始，沃尔特的句子在两个循环带上同步开始，然后，其中一条非常缓慢地错开了与另一条之间的同步。当赖什把八个循环叠加在一起的时候，各种不曾预知的节奏组合产生了；最终，织体越来越密，语词逐渐失去了意义。"当我听着这种渐渐分离的进程，我意识到这是种独特的音乐结构，"他说，"这个过程是从一种音乐的复合关系过渡到另一种关系，但完全觉察不到。这是一种无缝的、连续不断的音乐进程。"

这也是简约主义音乐的里程碑,整部十七分钟的作品就建立在单一的、具有旋律性的三个单词之上。1965 年至七十年代早期,赖什所谓的"变相"技术——能听清楚的一种结构——将会成为他主要的创作语汇。

无疑是赖利启发了这种技术,但是《C 调》中所运用的重复和逐渐不同步的做法仍是比较失控的。而赖什,作为一个典型专注型的人,将赖利的做法系统化,使其能构建整个作品。这种逐步的错位,控制着《要下雨了》中的每一个音,这种机械性的方式只可能通过录音设备来获取。

63

今天,赖什毫不讳言赖利的影响。"赖利坦言他受到拉·蒙特的影响,我也不避讳自己受他的影响,因为这样说能让我晚上睡得好一些。"但在那个时候,赖利对此很不高兴,1965 年1 月,当赖什将《要下雨了》提交给旧金山磁带音乐中心首演时,赖利虽没有中途退场,但两人关系就此破裂。赖利回忆说:"那时候我脾气挺怪的,感到自己被掏空了。我总算搞出了点自己的东西,但看着它一点点从我身边溜走。作为一个年轻艺术家,你当然希望自己很努力做成的东西能给你带来点成就。所以,我们就此谈过,一开始对我而言很不容易接受。"

1965 年 9 月,赖什回到纽约(巧合的是,赖利也在差不多一个月后到达纽约)。"1963 年,我和第一个妻子分居,那不是个愉快的阶段,"赖什说,"《要下雨了》不仅是一部抽象的音乐作品,它也描述了我的私人生活。假如你的生活跟《要下雨了》一样,那你真该考虑做点什么了。所以我决定离开旧金山。"

到了曼哈顿,赖什在下城区一片废弃的工业楼宇中找了一个住处,离杨的家不远。但他和在旧金山时一样并不快乐。与上城区传播序列主义的学院派断绝关系,又和下城区膜拜凯奇的实验主义保持着距离,他似乎不属于任何派系。继续跟赖利合作不太现实,毕竟上一次合作结束得并不愉快。而且,赖什对杨"永恒音乐剧场"的嗡嗡声一点儿都不以为然,更何况赖利不久后就加入了这个团体。

于是,赖什不出意料地和下城区那批拥有类似想法的视觉艺术家,简约主义雕塑家和画家们混在一起。也正是这帮人启发了杨和后来的格拉斯进行创作。为了糊口,他也接了一些短期的工作。"那时，我在纽约大学当兼职社工，负责打个铃，或是锁门前检查有没有孩子留在里面，如果有，那就是别人的事儿了。我开过一段时间出租，但觉得那太危险了。我也在邮局工作过一段时间，但那工作太乏味。"

所以，当他回到纽约几个月后，有人找他写曲子对他来说一定是种解脱。当时，有个活动在为重审哈林六人帮募集资金。这是一个黑人青年帮会，因为涉嫌（后来被定罪）杀害一名白人店主而被起诉。或许赖什真的愿意把十几个小时对哈林六人帮的采访剪辑成一部录音带作品，在会场上播放？

他可不仅仅是愿意这么做。这次重审的起因是哈林六人帮在被警方拘押期间遭到殴打。其中一个青年丹尼尔·哈姆在访问中详细叙述了他如何哀求警方将他从拘留所移送到医院。"我不得不把结痂拨开来，流点血出来给他们看。"他说。赖什把"出来给他们看"这几个字抠了出来，像《要下雨了》那样，用这几个词的音调来构成整部作品。

最后，这部时长十三分钟，名叫《出来》(1966)的作品，把哈姆的话严格地用作变相的素材。一开始，两个完全相同的带子同步播放，然后逐渐逐渐地错开。再接着，音轨从两个增加到八个。结构上也许跟《要下雨了》一样，但技术上更精细，情感上也要比那部末世题材的作品更阴暗。实际上，《出来》是对即将席卷全美国的种族冲突的及时反映。评论家爱德华·斯特里克兰准确地看出，《C 调》"像是一场群欢"，而《出来》则提醒我们，瓦茨暴动就在不远处。

《出来》是简约主义思想的杰作，通篇只用五个词①，通过相位变化来使其变化。但赖什越来越对录音带作品失去兴趣。他后来说道："1966 年我过得很背。我觉得自己像是个整天躲在实验室里的疯狂科学家，发现了《出来》里所用的变相方法，也并不想就这么放弃它。然而我却找不到现场表演这种结构的办法，而且我也很盼望能写点器乐作品。"

1966 年末，他录制了一段自己弹奏的钢琴，然后试着一边播放录音带，一边在钢琴上重复刚才弹过的那个句子，其目的

64

---

① 原文是"come out to show them"。——译注

65

在于试试看用设备可以很容易达到的效果——两个相同的句子,不断重复的同时,让一个一点点超越另一个,是否能在活人身上实现。他说:"尽管我不如机器来得准确,但我却基本上能获得相似的效果,而且弹起来还很有趣。"

　　最后一步则是要看看,两位钢琴家是否可以在不借助任何录音带的基础上完成这一工作。赖什找来了茱莉亚时代的同学亚瑟·墨菲,两人在钢琴前坐下,逐渐摸索出赖什的第一部真人演奏作品《钢琴相位》①(1967)。在《钢琴相位》中,两位钢琴家同步开始演奏一句十二个音构成的句子。然后,一位钢琴家逐步比另一位快一些,直到他比另一位钢琴家快整整一个音。然后这一过程暂停,两人重复刚刚达成的新句子。接着,那位钢琴家再次加速,这次要快出两个音,两人再重复新的稳定句子。加速和重复,如是循环往复总共十二次,直到两个人演奏的句子再次重叠为止。

洛杉矶瓦茨暴乱,
1965 年,美国种族问题的一次集中爆发

———————————

① 这是一系列拥有同样名称的作品。原标题的意思实际上是"不同相位上的钢琴"。——译注

还有什么能比《钢琴相位》更极简、更美妙的？这个十二个音构成的句子只用了六个音高,全是十六分音符,没有音高、节奏、力度的变化。总共二十分钟左右演完的作品,每次变化都听得清清楚楚。在赖什严肃的头脑里,《C调》开创的简约主义得到了序列主义式的系统化处理。很难想象还有比这部作品更严肃、更简朴的器乐作品了。

1967年3月,赖什在公园广场画廊举行了音乐会。当时,这里是简约主义艺术家和雕塑家集中的展示空间。由宝拉·库珀经营的这家艺术馆展示的艺术家包括索尔·勒维特和罗伯特·莫里斯,而赖什合奏团的出现加深了将这种艺术潮流和音乐关联在一起的印象。而且,这也进一步让赖什确认,如果他要找到自己作品的知音,不能在同僚作曲家里寻找,而是在下城区的艺术圈子里。

赖什的小乐队——后来改名为赖什与音乐家们——包括赖什、键盘手阿瑟·墨菲和萨克斯管手乔·吉布森。赖什回忆道:

> 这个画廊就在纽约大学那条街,是个巨大的空间;可能有四千平方英尺和二十英尺层高。我们在第一场音乐会"瞧,没有录音带!"上,现场表演了《钢琴相位》。音乐会聚起了很大一群人,大概有四五百个,因为那里是当时很出名的艺术场所。劳申堡也在,他的小圈子的人都在,贾德森舞团也在,还有好多画家和雕塑家。十四街那帮作曲家倒是来得很少。

至少有一个作曲家出席了,赖什以前在茱莉亚的同学菲利普·格拉斯,刚从巴黎留学归来。赖什回忆两人的会面说:"音乐会结束后,他过来对我说:'这真棒,我们一块儿干吧?'我说:'好啊,见到你很高兴。'我们就一块儿工作,弹奏他的作品,我提出一些建议。"

他俩的合作对双方都有益处,赖什和格拉斯便决定组建一个合奏团用来演出他们的作品。赖什的小组加上格拉斯和另外一个演奏员,乐团依然没有一个正式的名字,但演奏两位作曲家的作品。1968年时,赖什和格拉斯在电影人影院各自开

67 简约主义艺术家索尔·勒维于 1971 年创作的"实践纯粹理论"

了一个作品专场；1969 年，他们也在新学校和惠特尼博物馆演出；1970 年还向古根海姆美术馆递交了节目（直到 1971 年的联合欧洲巡演才让两人的蜜月期彻底结束）。所有这些场馆都不是传统意义上的音乐表演场所。被排斥在主流音乐圈子之外，遭到学院派作曲家、评论家的无数谩骂，简约主义者们在画廊和美术馆找到了慰藉。

因为缺钱，赖什和格拉斯开始替人搬家，并且自称"切尔西快捷搬场"。"格拉斯当时和乔安娜·阿卡莱蒂斯以及他们的孩子在切尔西区，二十三街和第八大道拐角有处公寓，"赖什说，"他当时替人疏通管道，我们商量了下，不如干脆做搬场公司。他那时可以搞到辆什么老爷车，或者干脆租一辆，他甚至还在《乡村之声》杂志上以'切尔西快捷搬场'的名字打了一阵

广告。我们几乎爬遍了当时所有下东区的五层楼梯公寓。" *68*

与此同时,赖什的作曲生涯迅速发展。1967 年末,继《钢琴相位》之后,他又推出了《小提琴相位》,把乐器数量从两件扩展到四件。允许第四小提琴"指出"在相位变化过程中未曾预见的音型组合(尽管这部作品可以由四位小提琴家演奏完成,但更常见的做法是由一个小提琴家和三盘预制录音带的形式加以表演)。1968 年,他暂时放下自己的"变相"创作,写作了一部典型的观念艺术作品《钟摆音乐》。在这部作品里,他用四支麦克风分别在四个倒置的扬声器上方摆动,因而所产生的回路啸叫声从有节奏的尖叫逐渐地变成一种静止的嗡鸣。

一位摄影师尝试从一个怪异的角度拍摄位于纽约第五大道的古根海姆博物馆,1959 年。赖什和格拉斯都曾在艺术生涯的早期在该博物馆举办音乐会

1969 年,赖什再次玩起了技术。在新泽西贝尔公司的一位工程师的帮助下,赖什造了一个"移相脉冲门",一个听起来很大,实际上很小的,可以现场模拟他的相位变化手法的设备。 *69*
1969 年 5 月,赖什在惠特尼博物馆用这台设备演出了他的《脉

1971年简约主义雕塑家理查德·塞拉的一张照片，这位艺术家创作了著名的公共雕塑作品《倾斜的弧形》。

右上图：纽约惠特尼博物馆，简约主义艺术和音乐的中心

70

冲》，但他对效果并不满意，觉得发出的声音"呆板，没有音乐性。那时我清醒地意识到，我不想再跟电子音乐沾边了"。

惠特尼博物馆音乐会——一场赖什作品和一场格拉斯作品，是简约主义音乐传播历史上的里程碑，因为这是这些作曲家首次踏入上城区。听众们围坐在石头地上，中间是架高的舞台，合奏团在上面演奏。周围是惠特尼博物馆"反幻象"大展的简约主义作品，其中包括理查德·塞拉的历史性雕塑作品。展览的手册里还收录了赖什尖利的简约主义宣言《作为渐进过程的音乐》。

在这篇檄文中，赖什激烈地宣称，结构必须清晰可辨。他在自己的作品中，尽力使"过程"（如变相）和每一相位上的内容都清晰可辨。在音乐的渐进世界中，没有隐藏结构或即兴演奏的余地。作曲家拟定的发展过程，一经展开就以一种非人性的客观方式进行着："虽然，我可能有幸发现了某种音乐进程以及在这个过程中可以使用的音乐素材，然而，渐进一旦开始，它就是自行其是的。"

他这样的描述显然酝酿着一部类似《四架管风琴》的作品，1970年1月，赖什完成了这部作品。他此前从未写过如此复杂

的"进程"，毫不夸张地说，《四架管风琴》堪称终极简约主义作品。然而，《四架管风琴》并不是一部变相技术作品，这部作品里被用作进程素材的是一个单一和弦。这个和弦从一个简短的脉动逐渐延展成一团长时间的声响，整个过程花费二十分钟左右的时间。同时，这部作品毫无音高、音色、力度或和声上的变化。键盘乐手坐在从摇滚乐世界借用的电子管风琴前，第五个演奏者摇晃一对沙槌，打出固定节拍帮助乐手们数拍子。

《四架管风琴》听起来可能跟洗盘子一样无聊，但在现场演出时具有不可预期的效果。看着这些乐手努力完成、一点点把和弦拉长却又不能错过一个拍子的艰巨工作很让人兴奋。那个在摇滚乐中很常见的属十一和弦拥有丰厚的质感。但是，传统音乐厅培养出来的观众们并不那么容易被打动。

实际上，《四架管风琴》首演时几乎引发了观众的一片混乱，和赖什一直心仪的《春之祭》相类似。赖什至今谈到那一天时依然兴致勃勃，那天他接到麦克尔·蒂尔森·托马斯的电话。"他联系我，问我：'你有什么可以拿来给波士顿交响乐团演奏的吗？'我说：'当然有，我的新作《四架管风琴》。'"赖什开心地笑道："我还能给他们什么？"

恐怕再也找不到比这更不适合交响乐队演奏的作品了，实际上《四架管风琴》压根不是为管弦乐队写作的。但《四架管风琴》却是赖什的作品第一次进入音乐厅。1971 年 10 月，《四架管风琴》与莫扎特、巴托克和李斯特的作品一起进入了波士顿交响音乐厅的节目单。但直到 1973 年 1 月，波士顿交响乐团访问纽约演出时，才出现了各种意外。麦克尔·蒂尔森·托马斯记得，演出时听众席传来咒骂声，一个上了年纪的女士用她的鞋底敲打舞台边缘，试图打断演出。另一位观众从走道冲下来 *71* 喊道："好吧——我忏悔！"向来对简约主义充满敌意的评论家哈罗德·勋伯格在《纽约时报》撰文说，当天的听众"仿佛被用烧红的针，刺进了指甲下面。过了一会儿有人高喊让音乐停下，还有些人鼓掌，好让这首作品早点结束。最后台下一片嘘声。但同时也有一部分人对作品报以欢呼。至少，音乐厅里因此充满生气，这比大多数先锋派音乐演奏时产生的效果要热烈得多"。

但 1973 年时，《四架管风琴》在赖什看来一定像是一部精致的早期音乐了。因为此前在 1970 年夏天，他就去了非洲，等他从非洲回来，他的音乐已经完全不同了。

自 1962 年起，赖什就对西非音乐颇为熟悉。贝里奥曾带着他的研讨班参加加州的奥哈伊音乐节，赖什也加入他们一起参加了这次现代主义朝圣之旅。赖什记得在奥哈伊听到一场贡特·舒勒教授的讲座。舒勒当时正在潜心写作《早期爵士乐》，研究了爵士乐在西非鼓乐中的根源。他告诉赖什，A. M. 琼斯的《非洲音乐研究》一书能为进一步的研究提供扎实的基础，赖什很快就去买了一本，并接受了书中的观点。

但是直到 1970 年，他才开始认真研究这一领域。他听说加纳鼓师阿尔弗雷德·拉泽普科当时在哥伦比亚大学教课，决定去上城区会会这位大师。拉泽普科建议赖什，如果他真的对非洲鼓乐有兴趣，应该向加纳大学申请成为正式学生。几个月后，赖什搭上了飞往阿克拉的飞机。

他本打算在那里待上一个夏天，然而疾病却把他的计划缩短到五个星期。"当我在我老师的村子里时，傻瓜一样地穿着凉鞋，结果每只脚都被蚊子咬了五十多个包，然后就得了疟疾。"他对那次旅行的记忆依然十分鲜活："我被他们的音乐征服了，仿佛只身面临海潮一般。"

> 早晨起床，吃过早饭，我就和加纳舞蹈团的人一起外出。有时候我要上课，跟随（伊维部落的鼓师）吉迪昂·阿洛沃列练习打鼓。所谓上课就是学习怎么打拨浪鼓和锣。他打出一个节奏，然后我来模仿。"不对，有一点小区别"，就再来一遍。我把整个授课都录了下来，所以就用机器重放。然后他演奏一个声部，通常是敲铃，有点像控制节奏的作用，随后其他乐器加进来跟这个铃声产生关联，而铃声统领着整个乐队。所以，他一边敲铃，一边告诉我什么时候把已经学会的那个节奏加进来。学会一种节奏是一回事，要知道什么时候加入是另一回事。有时候我跟着他们出去演出，录下所有的表演，当他们排练或吃饭的时候，我就跟他们一起。

赖什对西非音乐密集而极端复杂的节奏结构十分着迷，这是一种被称为"复合节奏"的手法。字面上，这个词的意思是"很多节奏"，意味着每个乐手负责一个独特的节奏型并持续重复。每个节奏相继出现，开始点都不一样；通过一个铃声聚合在一起（想象每个人都是一段循环录音带，效果大抵如此）。

加纳的鼓手们，他们极具代表性、仪式感很强的音乐是赖什的名作《击鼓》音乐的灵感来源

赖什认为，西非音乐的结构与他自己作品的结构，差别并不很大。他的音乐，实质上也是一种复合节奏，因为通过相位渐变过程，节奏型的强弱拍产生了变化。他的音乐其实也更注重节奏，而不是旋律或和声；同样以无休止的重复作为结构动力；也更偏向于敲击性的音质；他的音乐同样以一种仪式性的方式将个人表达转变成彼此间的交流方式。

回到纽约以后,他开始思考如何把新获得的知识用在作品里。他并不打算单纯模拟西非音乐的声响。"我可不打算买一堆看起来很异国情调的鼓,组织一个纽约市非洲音乐团。"他当时声称。在 1973 年的一篇文章里,他思考了一个作曲家应该如何在西方文化中忠实地运用非西方的观念:

> 在我看来,最无趣的影响方式,就是模拟非西方音乐的声音。可以通过采用非西方乐器(好比在摇滚乐队里用西塔琴)或者让自己的乐器发出非西方乐器的声音(比如唱一个印度式的旋律,下面配一个电子发声器)[这显然赖什在拿杨开涮]。模拟非西方的声响会制造异国风情的音乐,这种风格曾经被叫作仿唐风①。
>
> 除此以外,我们可以通过学习非西方音乐的内在结构,来写作具有自己风格的音乐……这样,非西方音乐的影响就深入到思考层面,而不是声响层面……与单纯的模仿不同,一个西方作曲家采用受到非西方音乐结构影响的方式进行思考,往往会创造出全新的东西。

在赖什身上,这种方法不仅创造出了全新的作品,而且还是简约主义运动第一部真正的杰作。《击鼓》花费了一年时间写成,当这部九十分钟长的作品于 1971 年 12 月在美国现代艺术博物馆首演时,获得了听众的起立欢呼。他们知道自己见证了一个历史性的时刻。

在赖什的创作里,没有比《击鼓》更直接地受到非西方音乐的影响,同时也如此地接近仪式性的作品了。赖什和音乐家们,这时已经扩展到十三个人,一本正经地穿着白衬衫和黑裤子;他们站在舞台中间鼓的周围,静静地展示着音乐的进程,全部背谱演奏,作曲家要求他们为了整体效果牺牲个人的自主性。虽然乍一看他们这种敲击鼓面的重复劳动十分机械化,但实际上这需要一种高度的专注,有点类似瑜伽——而这种专注其实能产生特殊的乐趣。

---

① 原文用的是 Chinoiserie,原指十八世纪以后,欧洲盛行的仿中国风格家具和摆设。——译注

《击鼓》分为四大部分，不间断演奏。在《击鼓》以前，赖什的作品基本都是为同一种乐器所作，从而使他的变相手法更清晰，也符合音色使用上的简约主义。在这部作品里，赖什首次拓宽了自己使用的乐器类型：第一部分的"击鼓"用了四对邦戈鼓；第二部分用了三架马林巴；第三部分采用三架钟琴和短笛；第四部分包括所有前三部分用过的乐器。更具新意的是赖什对无词人声的运用。为了让人声不易被察觉，他故意将它们与最接近的器乐融合在一起：男声和邦戈鼓、女声和马林巴，口哨和钟琴叠在一起。

但《击鼓》仍是一部明确无误的简约主义作品，因为它在和声上和节奏上都固定不变。整部《击鼓》都开始于最初的十二拍节奏型，这个节奏型在整部作品中毫无变化地不断重复。《击鼓》也从未离开过作品一开始就展现的作为引力中心的升 F 大调调性。赖什所痴迷的音乐进程一直清晰可辨，至少在前三部分如此。这部作品由十二拍节奏型逐渐堆砌而成，但由于每个演奏员都有自己的不同重拍，因此得出了一个复合节奏结构。等到整个构架被建立起来，赖什就让音乐进入他擅长的变相进程中去。

《击鼓》的庞大规模在赖什的作品里是史无前例的，但最大的创新在于其丰富的融合音色。特别是在最后一部分（全体演奏员都加入的时候），这显示出赖什已经逐渐离开简约主义对材料使用的精简。在他过去的作品里，从没有过如此奢侈的器乐和人声色彩；他也从没如此追求表面上的美，甚至不惜牺牲他所谓的音乐进程的可辨性。

事实上，《击鼓》标志着赖什早期的、原初的，和极端精简的阶段告一段落了。这部作品，也是未曾预料到的，即将在未来席卷简约主义音乐、使其不断丰富的先兆。

第三章

史蒂夫·赖什，极繁主义者

调音台前的史蒂夫·赖什，录制他
自己的作品

从某种程度上来说，我已经不像过去那样在意听众是否听清楚音乐是怎么构成的……我早年的作品里有一种陈腐的味道，现在回想起来我不得不承认，当你有了新的想法，很重要的一点是要用一种简洁、明了和有力的方式去实现它。等你实现了这个想法，然后怎么办呢？难道就坐在那儿一首又一首地重复它么？以我个人的体验，我觉得应该是继续前进，不是逃避也不是耗尽它，就是要继续前进。

——史蒂夫·赖什，1977 年与
麦克·奈曼的谈话

史蒂夫·赖什,极繁主义者

　　《击鼓》之后,赖什准备好探索新的领域。史蒂夫·赖什与音乐家们如今已经和菲利普·格拉斯合奏团分开,从1971年开始定期进行欧洲和美洲巡演。在德国的活动最终让《击鼓》于1974年在大厂牌德意志唱片(DG)灌录发行。赖什对非洲音乐的学习颇有成效,他开始探索其他地区的音乐。

　　这时,一片崭新的天地在他面前展开,那是巴厘岛的甘美兰音乐。甘美兰乐队主要由各种定音高金属制打击乐器组成,包括铁琴(一种类似木琴的金属乐器,用铁锤敲打)、锣和鼓。这种闪亮的金属音质在西方完全找不到同类,而赖什,作为一个天生的打击乐手,在七十年代早期越来越被其吸引。

　　六十年代,赖什读过科林·麦克菲的经典著作《巴厘岛音乐》,也聆听了一些甘美兰音乐的录音,但直到1973年和1974年的夏天,他才开始认真研究甘美兰乐器及其音乐结构。这次,他不想再次冒着罹患热带病的风险,所以他没有长途跋涉去巴厘岛,而是于1973年来到了西海岸——西雅图的华盛顿大学,1974年去了伯克利的世界音乐中心。

　　　　这两个夏天的计划都是我一边作为学生学习巴厘岛音乐,一边作为教师教授我自己的音乐创作。我依然是死记硬背地学习这种音乐,一周上好几次课。1973年,我是跟着一支甘美兰西玛卧乐团(Semar Pegulingan)学习①,那是一支很大的乐队,我记不太清具体的情况,但我的确在里面演奏铁琴声部。第二年

---

① Gamelan Semar Pegulingan 是甘美兰的一种分支,多为国王与爱妃就寝时的伴乐。西玛(Semar)是爪哇地区传说中神裔的名字,Pegulingan大意为"躺下"。——译注

夏天,我演奏甘邦甘美兰(Gamelan Gambang)①,那是
一种极其不同寻常的音乐,让我很是沉醉了一阵。这
种音乐更像是一种老年人的音乐,仿佛巴厘岛世界的
贝多芬晚期四重奏。这种乐器用一种分叉的木槌敲
打,我要演奏一个八度,乐器就摆放在那里,一个八度   79
正好是这个锤子的两头敲打的位置。音乐震耳欲聋,
而且有四件甘邦,我们又在一个很小的屋子里排练。
我确信,我的听力肯定是受损了。

1982 年史蒂夫·赖
什在纽约大都会艺
术博物馆中杰克
逊·波洛克的《帕
西淮》前的照片

即便在正式学习甘美兰之前,赖什的音乐已经开始逐渐远
离《钢琴相位》和《击鼓》体现出来的尖利、刺耳的打击乐音响,
转向更为悠扬、感性的敲击乐器的色彩。实际上,1973 年 5 月
完成的《为槌击乐器、人声和管风琴所作的音乐》(下文简称为
《为槌击乐器而作》),那时他还没有去西雅图,就已经神似巴厘

---

① Gamelan Gambang 是甘美兰的一种,多为宗教祭祀音乐。主奏乐器是甘邦琴,一种用竹片、木片
或金属片组成的打击乐器。——译注

岛甘美兰音乐，正如同《击鼓》神似西非鼓乐一般。这部作品采用了四架马林巴、两架钟琴和一架铁琴，配合无词的人声和电子管风琴，发出柔和的、丝绒般的声音，丝毫没有刺耳的音响。《为槌击乐器而作》由几条具有内在联系的音乐进程交织而成，似乎并不像过去那么关心听众是否能听清楚音乐上的发展过程，赖什这时的侧重点已经移向声音的美感。

80

这一侧重点的转移表明，赖什开始放弃他的简约主义信条中的一个主要原则，即音乐进程的清晰性。《为槌击乐器而作》把四个不同调性并置在一起的做法，也意味着他渴望在音乐中增加更多变化。但《为槌击乐器而作》并没有让听众准备接受他的下一部作品，一部充满热带生气的《为十八位音乐家而作的音乐》（下文简称《为十八位音乐家而作》）。这部作品他写得很慢，从 1974 年 5 月断断续续写到 1976 年 3 月。

《为十八位音乐家而作》可能是赖什最伟大的作品，它全然拒绝了二十世纪六十年代的简约主义简朴风格。赖什自己也很清楚《为十八位音乐家而作》的重要意义。在 1977 年与英国作曲家、评论家麦克·奈曼开诚布公的谈话中，赖什表达了对自己早期简约主义作品"教条主义性质的"反思，并且表示，他已经逐渐开始转变。他不再拘泥于一部作品只使用一个发展方式；他也不再希冀听众立刻就能辨明这种发展方法；作曲对他而言也不再是非人的行为。由此看来，简略到极致的简约主义已经逐渐成为历史了：

> 从某种程度上来说，我已经不像过去那样在意听众是否听清楚音乐是怎么构成的了。假如，一些人能很清楚地分辨台上发生了什么，那很好；假如其他人听不出来，但依然喜欢这作品，那样也可以。我在写《为十八位音乐家而作》时最在意的，是怎样写出美妙的音乐……我不像十年前那样关注怎么把结构撑满。而另一边，尽管我的音乐整体音响更加丰满，但并没有牺牲其结构感。
>
> 我承认，随着织体越来越丰满、越来越厚实，要听清音乐的发展变化越来越不可能。我早年的作品里

有一种陈腐的味道,现在回想起来我不得不承认,当你有了新的想法,很重要的一点是要用一种简洁、明了和有力的方式实现它。等你实现了这个想法,然后怎么办呢?难道就坐在那儿一首又一首地重复它么?以我个人的体验,我觉得应该是继续前进,不是逃避也不是耗尽它,就是要继续前进。

将近一小时长的《为十八位音乐家而作》,见证了赖什作为作曲家的巨大进步。为了顺利上演这部作品,史蒂夫·赖什与音乐家乐团扩充到一把小提琴、一把大提琴、两支单簧管、四名女歌唱家、四架钢琴、一台铁琴和一对沙球。演出中,所有声音都经过混音与放大。此时,赖什手头的乐器已经和过去常用的很不相同,而他把这些乐器的色彩完全融在一起。 *81*

《为十八位音乐家而作》中,也有很多赖什过去作品中常见的因素:人声部分没有歌词,和乐器合奏交织在一起;敲击乐器发出的连绵不绝的木质音色;无休止的节奏律动;短小而不断重复的旋律型。但令《为十八位音乐家而作》前所未有的,是赖什此时大大扩展了过去静止的和声语言。当他写道:"《为十八位音乐家而作》的头五个小节里,我写了比以往所有作品更多的和声变化。"这并没有夸大其辞。

《为十八位音乐家而作》开始时呈现了一组十一个和弦的连接,音量上如同潮起潮落般提高又降低。等到所有这些和弦都被展示过以后,乐队部分回到第一个和弦,由钢琴和马林巴不断絮叨这个和弦。在这个反复的和弦上方,赖什写作了几分钟的小段。等到这个段落逐渐结束,第二个和弦再次回来,赖什再在这个和弦上构筑第二段音乐。如此周而复始,直到一开始的十一个和弦都被用作基础写作了十一个段落的音乐。最后,全部和弦再回到乐曲开始时的序列,从而构成一个尾声。

大结构当然听得很清楚,但每一个细部结构——就是那十一个小段的内部结构,被丰富的音色遮蔽起来。在个别段落,有时赖什又捡起他熟悉的变相技术。但他似乎真的不再关心听众是否能听出这种小结构。

和《击鼓》一样,《为十八位音乐家而作》的演出现场也有很

一本《托拉》的古代抄本,《托拉》是希伯来《圣经》中的摩西五经。从二十世纪七十年代开始,赖什认真研读《托拉》

强的仪式感。史蒂夫·赖什与音乐家乐团完全背谱演奏,和传统的西方音乐表演依赖指挥打拍子不同,他们依照非西方的传统互相协调。"段落与段落之间、段落内部的变化,都由铁琴引领,"赖什写道,"基本上就像巴厘岛甘美兰的一位鼓手决定节奏型的变化,或是西非鼓乐中,领奏大师决定变化一样。"嘹亮尖利的铁琴声音在整个乐队的齐奏中,总是能胜任节奏变化记号的任务。

1976 年 4 月,《为十八位音乐家而作》在纽约市政厅首演之后,赖什发现,自己忽然得到了(甚至曾满怀敌意的)作曲家和评论家的重视。(值得注意的是,菲利普·格拉斯征服主流音乐界也是在 1976 年,那年,他的《海滩上的爱因斯坦》得到首演。)1978 年,ECM 录制的《为十八位音乐家而作》第一年就卖出了两万张唱片。1980 年 2 月,赖什成为多年来首位在卡内基音乐厅举办个人专场并门票售罄的在世作曲家。

由此,赖什开始获得国际性的认可。委约纷至,多数来自欧洲,即便在今天,对简约主义作曲家的支持方面,欧洲仍然比美国更为热情。赖什对这阵热闹的反应一如既往, 再次后撤、内省。而这一回, 他所选择的古老传统远不如西非和巴厘岛音乐那么异质。实际上, 这是他埋藏已久的一个传统。

赖什成长于一个世俗化的, 或者说被同化的犹太家庭, 对自己的传统文化和宗教知之不多。"我过去从没听过希伯来圣咏, 完全不懂希伯来语, 也不知道念诵《托拉》要用一年, 我什么都不知道。成人礼的时候, 我只是动动嘴皮子而已。"大学时代, 他愈发远离犹太教。"跟我的很多同辈一样, 我痴迷于东方的东西。1966—1967 年间, 我每天都练习瑜伽, 还练习了十年吐纳法。我接触过各种佛教传统, 什么北方的、南方的, 都有。我尝试过各种瑜伽传统的冥想; 甚至还学过超然冥想。都很有趣, 但都给不了我真正想要的。"

1974 年, 三十七岁时, 他怀疑, 或许自己一直在追寻的就在自家的附近。差不多同时, 他结识了贝里尔·科洛特, 一位影像艺术家。当时她已经有不少单通道影像作品, 而从《达豪1973》开始, 她尝试制作多通道视频, 这也是她的首部明确犹太题材项目。尽管赖什和科洛特直到 1976 年才正式结婚, 但重新发现犹太教是两人共同努力的结果。"我做的第一件事是拿起一本《卡巴拉》①(当年嬉皮都这样做), 我还清楚地记得夹着这本书去见贝里尔的父母。她父亲接过去看了一眼说: '你还没研读过《托拉》怎么看得懂《卡巴拉》?'我对自己说: '这还真是个好问题。'"于是, 赖什和科洛特报名参加纽约林肯广场会所的讲习班, 他称之为一群"现代正统派"的聚会。他们学习《托拉》、《塔木德》评注和希伯来语《圣经》, 赖什开始对犹太音乐传统产生兴趣。

"当我开始学习希伯来语的时候, 我注意到《圣经》的印刷品上有三种字符: 辅音、元音和一套扭来扭去的符号。我问希伯来语教师这是什么, 他说: '这叫塔阿明; 不仅是一种重音记号, 还可以用作记谱法。'"赖什一听到这个, 便展开行动。他来 *84* 到犹太神学院, 找到一位歌者教他经文咏唱。很快他就把塔阿明转译成西方记谱法加以学习。

---

① 《卡巴拉》是犹太教传统中对《圣经》的神秘主义解释著作。——译注

但赖什天性中的系统性甚至有点类似强迫症的需求并未得到满足。他与经文咏唱的短暂接触，唤醒了内心原初的民族音乐学家的基因，令他渴望聆听古老传统的真实声音。"我开始问自己：'如果我想在今天的世界上找到颂唱《圣经》的人，该去哪儿寻找？'别人告诉我，这样的人至少也有六七十岁了，大概都出生在库尔德、伊拉克和也门，如今多数居住在以色列。于是，我决定去以色列给这些老人录音。"

赖什和科洛特于 1977 年夏天开始了首次以色列之行。出发之前，他们给耶路撒冷录音档案馆写了信，希望能对几位老先生进行录音。"有天晚上，我们去一个六十或者六十五岁的也门犹太人家里吃饭，他的几个小儿子刚服完兵役。喝了好多杯茶之后，他总算同意录音了。"直到今日，赖什仍对老人发出的独特声音记忆犹新。"他太神了，完全是在用鼻子哼唱一种超过一千五百年传统的音乐。"

回到纽约，赖什又一次面对过去学习非洲和巴厘岛音乐时遇到的相同问题。作为一个西方作曲家，他该如何将这种新的知识用进创作里，而不是单纯对它加以模仿？同样，答案仍是钻研这种非西方传统音乐的结构方式，而不是简单模拟它的声响。

在《圣经》咏唱中，赖什发现了一种很具有启发性的音乐结构：

> 简单说来，希伯来圣咏就是在《托拉》的每一个词上面有一个标记。这个标记代表了一段传统的旋律片段。把所有这些片段串联在一起就得到每周诵读经文的全部旋律。这个技术就是把既有的主题音型连缀成更长的旋律线来颂唱经文。拿掉文字，那就剩下一个把短小动机组合成长线条的概念——这个技术此前我还没有接触过。

赖什没有多少时间来深思他的发现，因为他正面临职业生涯以来最重要的三个委约：荷兰音乐节委约一部大型合奏作品（最终得到了名副其实的《为大乐队而作的音乐》）；法兰克福广

播委约了一部室内乐作品(《八重奏》);旧金山交响乐团则委约了赖什第一部乐队作品(《为木管乐、弦乐和键盘而作的变奏曲》)。显然,分秒必争。

通过《为大乐队而作的音乐》(1978),赖什延续了从《击鼓》到《为十八位音乐家而作》一路而来的对乐器使用的拓展。用到了整整三十位演奏员,《为大乐队而作的音乐》堪称一部室内乐团作品。显然,音色的多样化已经是对简约主义音色统一原则的极大反叛,而结构上的繁复则更是令音乐进程难以辨析。

《八重奏》(1979)是为两台钢琴、弦乐四重奏和两个多种木管乐器演奏者而创作。木管演奏员同时兼任单簧管、低音单簧管、长笛和短笛。由于《八重奏》缺少赖什钟爱的敲击类乐器,维持稳定律动的工作落在两位钢琴家身上,他们的段落具有强烈的打击乐色彩,节奏纵横交错,无休止的音乐环环相扣。

在《八重奏》的长笛部分,赖什展示了他学习咏唱传统的成果——那种新的旋律技法。实际上,长笛悠长华美的旋律正是由无数短小的动机连缀而成。多年来,赖什的创作中,旋律写作一直居于节奏创作的次席地位,如今终于推出了独树一帜的旋律形态。他的职业生涯中,第三次从非西方结构原则中获取了创作进展的动力。

这一进展在《为木管乐、弦乐和键盘而作的变奏曲》(下文简称为《变奏曲》)中得以延续。这部全乐队作品,很大程度上由于缺少打击乐而呈现出更为厚重的音色。1979 年,赖什声明《变奏曲》听起来如此新颖,以至于"听众们或许会以为是别人而不是我创作了这部作品"。现在回想起来,他的说法可能有些夸大,但在当时,《变奏曲》对他而言显然是一次突破。

《变奏曲》的结构实际上是一个拉长了的巨大恰空(一种巴洛克体裁,用一个反复的和弦进行或低音线条支撑持续的变化旋律)。《变奏曲》里,这个和弦进行以一种冰川式的缓慢速度前进;长达二十多分钟的作品里,整个进行只重复了三次。长笛和双簧管悬浮在整个乐队上方,他们演奏的由短促音型构成的旋律随着作品的进展而变得越来越华美。

考虑到《变奏曲》对结构性和声的运用以及渐进式旋律的发展,可以理解为什么赖什将它看作未来发展的方向。1980

年,他说《为十八位音乐家而作》是"对过去经验的总结,《变奏曲》则是我将要探索更为丰富的和声和器乐世界的预示"。他其实还可以加上一点:对简约主义原则的告别。

然而,恐怕赖什自己都无法准确预知未来的发展方向。无疑,他对犹太传统的重新发掘,将他引向探索宗教文本的道路。但他自学习时代以来,还从未为文本谱写过音乐。实际上,他有意避开整个声乐作品的领域,因为他感到为文本谱曲本身会破坏词语中原有的节奏因素。然而,充满音乐元素的《诗篇》仍然诱使他走向这条道路。最终,他选中了四首《诗篇》中的文字片段,希伯来语文本,并且以希伯来语复数形式命名为《诗篇》(*Tehillim*)。

《诗篇》(1981)是赖什第一部以声乐创作方式构思的作品,但他故意选择了不仅在语音上,也在历史上与自己保持相当距离的文本。如同斯特拉文斯基选来创作《诗篇交响曲》的文本一样,希伯来语的《诗篇》也几乎属于不再被使用的古老语言。犹太传统的诗篇咏唱对西方而言也早已失传,于是赖什可以不受羁绊地为他的诗句创作音乐。

对《诗篇》文本的编配,通常既讲究忠于文字原意,又要求强化其中的意思。赖什最终写作了一种兼具张力和绵长的旋律语言,远超此前的《八重奏》,也是简约主义音乐前所未有的。*88*(巧合的是,就在赖什创作《诗篇》的差不多同时,格拉斯正在写作《非暴力不合作》,他的第一部成熟声乐作品。)为了达到这种新的诗文性,赖什最终放弃了重复,这种他此前音乐语汇中的支柱元素。

虽说经文咏唱可能赐予了赖什新的旋律灵感,但如果要从《诗篇》里探寻明显的"犹太性"可能就大错特错了:

> 人们听完《诗篇》说:"这听上去是犹太旋律。"完全瞎扯。这是史蒂夫·赖什式的旋律。如果因为我是犹太人,那就算是吧。但这和哈希德旋律或者犹太民歌毫无关系。这种绵长的旋律是两股力量交织的结果:甘美兰木琴的长循环和我对经文咏唱的研究。这两者或许在我创作更为传统的音乐作品时起了作用。

总共分为四个乐章,时长超过一小时,《诗篇》在其他方面也有所突破。其节奏不再是一成不变;尽管律动始终如一,但其韵律几乎每小节都在变化,以配合希伯来语的精确语调。配器丰富而多变,不仅用到木管、弦乐、电管风琴和敲击乐,也用到了具有《圣经》传统的乐器——无铃鼓(模拟《诗篇150》提到的鼓)、沙槌(替代轧声器)、拍手和小钹。

但《诗篇》仍然保留了一些赖什此前创作的特点。虽然很难说"音乐进行"技术还在《诗篇》中被使用,但无疑他的相变化写法加强了他对对位法的痴迷。回想起来,相变技术本身就是一种对位式的写法,其结果形似卡农——一个旋律与另一个节奏上错位但形态上与本身相似的旋律一同演奏。

《诗篇》的第一个乐章,实际上就是一段卡农。承载着《诗篇19》的丰富情感("诸天赞颂神的荣耀"),最终发展成一个四部卡农;四位独唱各自以不同的节奏咏唱相同的旋律。第二乐章(《诗篇34》)放弃卡农结构,改用变奏曲形态,一个抒情的旋律逐渐加花,并通过对位使之丰富。最出人意料的是第三段(《诗篇18》),1982年,赖什称之为"不仅是我自学习时代以来所写的第一个慢乐章,也是我写过最具有半音色彩的段落"。这种半音化写法是为了描绘词句而使用的。与亨德尔的《弥赛亚》类似,赖什为希伯来词"ee-kaysh"(恶)配了一个三全音程(C$^\sharp$-G)——一度禁止使用的"音乐中的邪恶"。在这个慵懒阴暗的乐章过后,终乐章回到光明的赞歌。围绕"哈里路亚"的《诗篇150》用到了弦、管、鼓和钹,全都以激动人心的赞美之歌捏合在一起。这个乐章依照交响乐原则,将前三个乐章的织体一一再现。

《诗篇》是一部极具感染力的作品,能瞬间引起人们对信仰和音乐风格的广泛联想,正如伦纳德·伯恩斯坦《奇切斯特诗篇》(1965)所做到的那样。赖什本人则认为,他丝毫不希望《诗篇》变成一部民族音乐的再造作品或是伪东方主义音乐,而是期望它成为一听便知是他自己的全新作品。

正是《诗篇》促使赖什渴望更直接地对语言进行创作。他

本·沙恩勾勒的威廉·卡洛斯·威廉斯的画像，史蒂夫·赖什用他的诗作谱写了巨作《荒原音乐》

一生痴迷于美国诗人、物理学家威廉·卡洛斯·威廉斯（1883—1963）的创作，决定选取威廉斯的诗作构成《荒原音乐》（1984）的基础。这是一部长达五十分钟的巨型康塔塔，需要二十七名合唱演员和八十九件乐器构成的乐队表演。此时，赖什在他的生涯里，第一次为英语谱写音乐。

赖什寻找的是具有坚定信念的诗词，最终注意到威廉斯的《荒原》和《爱之旅程》。他从中摘抄了有关音乐和警惕核毁灭的诗句。最后，他把诗词搭成拱形结构（ABCBA），拱形两头的段落用一样的音乐和诗句。

赖什此前从未处理过这么大的结构，也没有使用过如此庞大的乐队。实际上，《荒原音乐》使用庞大的常规乐队这件事本身就是一大进展。在赖什早先的乐队作品（比如《变奏曲》）中，他只是把大乐队当作自己小合奏团的放大版。无论从乐器的倍数使用还是乐器本身在作品中所处的地位都是如此。特别 *90*

是弦乐器，在他的作品里总是位居次席。"无疑，在《诗篇》和《变奏曲》中，弦乐从头至尾在演奏一些持续音，基本上游离于乐队之外，"他承认，"所以，我在《荒原音乐》中决定，一定要让整个乐队有机地动起来。"

他确实做到了，赖什把他室内乐性的对位织体扩展到整个乐队编制的乐器上。合唱的部分写得极其艰涩，尤其是位于中心的第三段，威廉斯的诗作《乐队》那句特别恰当的句子（音乐的原则是重复主题，一遍又一遍，拾级而上）促成了全曲中最常见的一个由重复累积而成的厚重卡农。

91

但《荒原音乐》中最出彩的是其加强的情感幅度。狂放的情感并非赖什音乐的一贯作风；和斯特拉文斯基类似，他总是避免过度表现情感，通过复杂结构编织的网，对其进行过滤。"或许，我和斯特拉文斯基一样，认为在感情上需要保持缄默，"他在 1984 年这样说："我对感情有强烈的保留，需要筑起一堵墙——隔着它，你反而能感受到一种能冲破堤坝的力量。我想要控制感情，驯服这种力量。这是一种推进音乐的方式。"

《荒原音乐》拓展了赖什的情感词汇，但这也并不意味着断绝了与过往作品的关联。第一乐章一开始那个庞大的循环和声是对《为十八位音乐家而作》开始部分管风琴般的再现；阴暗不祥的半音化第二、第四乐章，让人回想起赖什在茱莉亚音乐学院时代的常用和声语汇；第三乐章互相交错的卡农则是对《击鼓》复合节奏的重现。第五乐章的开头令人惊叹：持续的和声霸占了整整六个八度，铺满从低音提琴直到短笛的全部音域。随着冲动的对位声部在这些和弦中穿梭，宛如一个孤独的灵魂在荒芜的大地上四处奔走——这片荒原既令人恐惧又让人兴奋。

《荒原音乐》首演时，赖什警告说，这部作品富于表情的特点并不意味着他投入时兴的新浪漫主义风格。"我不需要通过写一部交响曲来让自己变得多愁善感。我并不比有'新浪漫主义'之前更喜欢十九世纪的音乐。说到这里，我觉得还有很多内容可以挖掘，我相信自己还有很多要说的东西，也有强烈的愿望表达它们，比十年前更强烈。"

赖什花了约两年的时光创作《荒原音乐》，随后他认为自己已经明确表达了对常规乐队与合唱的认识。但是他从不甘心受传统音乐创作方式的束缚，1984年他就公开质疑继续创作传统乐队音乐的意义。他声称，自己无意"变得那么传统。也就是说我永远不会去写'第一交响曲'"。

因而，当他被问及《荒原音乐》中强烈的西方交响思维倾向时，几乎采用了辩解式的口吻。"我不认为自己写得越来越传统，"他说："从某种意义上说，《荒原音乐》可以算是这种趋势的顶点，如今我打算回头写我一直在写的那类型作品。我最感兴趣的仍然是探索一种全新的语汇，这种语汇的根基，既在传统中也在新音乐中。" 92

尽管有这样的想法，赖什并没有立刻离开乐队作品。八十年代，几乎可以被称作他的乐队作品十年；除了为完整编制的乐队写作的《诗篇》和《荒原音乐》以外，他还创作了《三个乐章》(1986)与《四段》(1987)。《三个乐章》由圣路易斯交响乐团委约，曾被赖什自己不客气地称作"对我自己的蚕食，对《六重奏》的完善"。实际上，这部短小的作品重新利用了《荒原音乐》和《六重奏》(1985)里的素材，只有很少新的内容。《四段》显然更好一些，应旧金山交响乐团团庆七十五周年而作。这部四乐章作品好比是赖什的"乐队协奏曲"——第一乐章反常地展示缓慢而曲折的弦乐；第二乐章关注打击乐；第三乐章突出木管和铜管；第四乐章以一种斯特拉文斯基式的律动，重组整个乐队。

然而，人们仍能从这些作品中隐约感受到赖什为传统乐队谱写音乐时体现出的某种不适。他天性中的对位织体，清瘦而锋芒毕露的室内乐写法，在编配乐队时显得过于浑浊。而他也被乐队漫长的排练时间以及演奏员的保守态度搞得筋疲力尽：

> 我觉得去乐队排练，简直就跟角斗士上战场一样！一些演奏员就当着我面说反对的意见，我也感到他们似乎更乐意早点结束排练这样的作品，回去演传统的曲目。我习惯于跟满屋子熟悉的音乐家合作，他们总是全身心投入音乐。由于他们主观上愿意演奏这样的音乐，因此他们也演得更好。

实际上,到了 1989 年,他宣布《四段》成了"对乐队的告别、对传统音乐写作的告别以及对保守的八十年代的告别"。1990年他进一步表达了对传统乐队的抗拒:

> 我倒不是跟管弦乐团有仇,我也乐意去阿姆斯特丹国家博物馆看伦勃朗的作品。我觉得它们应该被好好地保管起来。我也觉得贝多芬或者勃拉姆斯或者其他乐队文献应该被那几支乐坛翘楚乐队好好排练。给他们好好补贴,让他们好好维持下去,作为古代音乐的一部分保存起来。但乐队不是我的选择。我为交响乐团写作,是因为他们属于我生活的世界的一部分,我只是完成一个个人挑战而已。要继续这项工作对我而言简直就是折磨,就像把我的一只手绑在背后继续让我写作一样。

与此相反,九十年代初,菲利普·格拉斯一直在为管弦乐队写作,甚至还采用了更为传统的体裁,如交响曲和协奏曲。与此同时,赖什毅然决然地离开主流,重新回到年轻时的激进风格中。

赖什并没有全盘否定自己在八十年代对独奏器乐和重奏音乐的探索。实际上,那段时间里他最好的作品往往都是为小编制创作的,而且将简约主义带入了新的阶段。《六重奏》(1985),为精简而吵闹的打击乐和键盘乐器组合写作,回归了简约主义的原教旨。专注于重复的节奏型和对位的音乐进行,而不是抒情性的旋律和乐队作品中那种澎湃的情感表现。

他称为"对位系列"的作品也反映了这种情况——为几支长笛写作的《佛蒙特对位》(1982),为几支单簧管写的《纽约对位》(1985)以及为几把吉他写的《电子对位》(1987)。这些作品通常只有一位演奏员,在现场和多达十二盘预先录制的录音带合作演奏,这种形式明显能追溯到《钢琴相位》这样的作品。虽然这些作品并非由他的变相作曲法写成,但确实由不断重复的卡农和逐渐发展的交错方式构成。通过使用单一的乐器,在音量与和声上不断淤积,使得对位的过程易于让听者把握。

　　就是在这种极端质朴的基础上,赖什创作了八十年代最重要的作品——《不同的列车》(1988)。最初这部作品的构思是为克洛诺斯四重奏组创作的一部弦乐四重奏作品而已,但赖什对"为传统音乐形式进行创作丝毫提不起兴趣"。于是他转向当时刚问世的一种电子设备,键盘效果器,用它和弦乐四重奏一起演奏。(效果器在今天已是流行音乐的标准配置,这一设备允许作曲家储存一些语音、音效或音乐片段在其中。只要按下效果器的某个指定按键,就可以立刻回播这段声音,令预先录制的材料可以和现场演奏结合。)

　　然而《不同的列车》还有题材问题需要解决。赖什觉得自己应该回到《要下雨了》和《出来》那些作品的概念中,通过语言蕴含的音调来产生音乐素材。现在,他开始用效果器整合一些录好的语音,来跟现场演奏的四重奏合作。但该录些什么语音呢? 在考虑了巴托克和维特根斯坦的录音之后,他不经意间发现了更加亲近的一些材料。

95

简约主义音乐的热情传播者,克洛诺斯四重奏,图为他们正在演奏赖什的《不同的列车》(1988)

犹太聚居区中，一个孩子面对纳粹枪口高举双手，这张著名的照片，促使赖什创作了《不同的列车》

常有一些故事说一个人出门找寻财宝，最终发现财宝始终在自家的床底下躺着。我开始回想自己的童年。当我一岁的时候，父母分居了，我妈妈去了加利福尼亚，而父亲留在纽约。所以，我常常要往返于大陆两端，跟那个照顾我的保姆弗吉尼亚一起，乘坐火车做这个相当浪漫、令人兴奋又颇为伤感的四天四夜的旅行。那是 1939 到 1942 年间。你知道那张很有名的照片吗？华沙的犹太人定居点，那个小男孩在枪口前高举双手的那张？他就跟我差不多！我想，感谢上帝——我生活在美国，生活有保障，但假如我生活在大西洋另一边，恐怕就要坐上另一班列车了。我可能会被送去波兰，然后可能就死了。

于是《不同的列车》这个名字就浮现了。赖什着手寻找充当见证者的声音。他找到了弗吉尼亚，录下了她对那些旅行的回忆；他找到了已经退休的卧铺车厢列车员劳伦斯·戴维斯，他曾于二十世纪四十年代在跨大陆铁路线上工作；然后他又挖掘了大屠杀幸存者的录音档案。这些人来自完全不同的文化背景,但因为列车产生了交集——而他们的叙述都十分接近歌唱,而令旋律呼之欲出。

"作为作曲家,我会寻找那些具有旋律轮廓的声音。我着手进行剪辑,最终剪出大概四十或四十五段声音,因为语言的内容或者语调的特色。"他把这些语音和美国或欧洲火车的汽笛声储存在效果器里。随后,他开始用这些声音产生弦乐四重奏的音乐素材,最初是加倍,随后是发展。"所有这些旋律都是用模仿的方式获取的,只是我一开始是让乐器模仿人的语调。他们一边说,我一边写;音符、音量、速度都来自语言,然后再从中获取语义。"

赖什不仅让旋律依据人的语言发生频繁的速度变化,而且在和声和转调这些方面也都反映了录下来的音效。"大致来说,就是语音语调决定了和声的基础。你知道斯特拉文斯基曾说过,限制越少,就是限制越多吗? 写这个作品时,我简直觉得自己被捆得严严实实,太刺激了!"

所有这些听起来都是技术上的把戏,但《不同的列车》蕴含着令人心碎的内在情感。第一乐章,题为"美国——战前",充满列车压过轨道的咔嗒声和尖利的汽笛声,代表"无邪、爽直的,美国人对列车的浪漫印象"。但第二乐章,题为"欧洲——战时",占据主导的是空袭警报的啸叫和纳粹牲口车皮的声音,这一乐章的高潮是一位奥斯威辛幸存者回忆说"火焰直冲云霄"——前面这些无尽的重复突然间都消失了,只余下一个出奇简单的和弦渐渐隐去。最后一个乐章"战后",努力尝试找回最初的纯真,但徒劳地发现,那场悲剧留下的印记已不可磨灭。

对于赖什这么个刚刚回归民族身份的犹太人,这一主题不仅具有很强的感染力,而且也从心底深处激起了他的强烈反应。"我觉得,没有其他方法能呈现这个主题,"他说,"我创作这部作品是因为,作为一个犹太人,如果当时我生活在欧洲,恐怕就不会有今天了。用这种方法,我可以尽可能真实地再现那个我生活过的,而他们却不幸被湮没了的时代。"

音乐上,《不同的列车》并没有采用赖什熟悉的旧有技法:不再有交错的卡农和缓慢的和弦,代之以曲折的旋律、迅捷的转调和频繁的速度变化。四重奏的部分被重叠录制多达四次，再跟录下的讲话、火车汽笛结合在一起，这种不同寻常的组合令赖什的创意之火熊熊燃烧，任何一种传统的乐队都无法如此点燃他的热情。后来，在 1989 年，他说："一开始，我希望《荒原音乐》能有一个未来，但我没有意识到自己接下去的创作都会是这样子。而《不同的列车》，我觉得这是我命中注定要写作的音乐。如果我不写这样的音乐，再也不会有人写了。"

　　《不同的列车》能获得成功，少不了克洛诺斯四重奏的贡献，他们不仅首演了这部作品，还为 Nonesuch 公司录制了这部作品的首个录音（获得了格莱美最佳当代音乐作品奖）。克洛诺斯四重奏的成员不仅外形前卫，而且也有一套相当前卫的曲目，长期以来致力于推广美国简约主义作曲家的作品；八十年代，他们千哄万哄，令特里·赖利打破了长时间的沉默，得以首演了他的两小时新作《莎乐美的和平之舞》；1995 年，他们还出版了一张专辑，录制了格拉斯的四首大型弦乐四重奏。

史蒂夫·赖什和妻子贝里尔·科洛特在冲突不断的约旦河西岸城市希布伦为《洞》采集视频资料，1989 年

早在 1988 年，赖什自信地预言，《不同的列车》会"导致在不久的将来，尝试做一系列纪实性的音乐影像剧场作品"。赖什知道他未来的音乐戏剧作品会以极度扩大的《不同的列车》的模式制作——也就是要加入纪实素材，并且增加现场表演的音乐家和歌手人数，视频和音频部分也要扩展。但此时他只是还不知道该表现怎样的主题。

于是，赖什咨询贝里尔·科洛特，她的视频装置《达豪 1973》和《文本与评价》(1977)，都是多讯道作品，依照精准的节奏设置，以模仿的方式结合在一起。她的手法与赖什偏爱的将音乐分层，并按照对位原则并置的手法十分相近。1976 年结合的这对夫妻一直没有联手创作过，经过多次讨论，赖什和科洛特决定他们的作品题材将取自《圣经》传统中具有爆炸性内容的一个小片段。

他们的这部音乐戏剧作品将被命名为《洞》，指的是希布伦西岸麦比拉山的一个洞窟。据信，这里埋葬着《圣经》记载的早期部落族长，对犹太教徒、穆斯林和基督徒来说都是圣地，但这些人如今的信念却大相径庭。赖什绝不会一根筋地用几个歌手分别来表演《圣经》里的人物。"找个男中音来唱亚伯拉罕，再找个男高音唱以撒，那实在幼稚得可笑，那是塞西尔·德米勒，是《十诫》，"赖什不屑地哼道，"《洞》里绝不能有具象的《圣经》人物。他们只能间接地存在，只在被采访者提到他们的时候。"

赖什和科洛特将他们的摄像机和麦克风对准了一系列以色列犹太人（第一幕）、巴勒斯坦穆斯林（第二幕），以及美国人（第三幕），然后问出相同的几个简单的问题："对你而言，亚伯拉罕是谁？萨拉是谁？以撒是谁？夏甲是谁？以实玛利是谁？"这些激烈的问题不仅展现了当今中东冲突深刻的《圣经》与《古兰经》根源，也为一个晚上的音乐剧场提供了足够多的原始素材。

接下去五年里的大多数时候，他们一直在挑拣一百五十小时的素材。因为没有正式脚本，科洛特先选出最具煽动性的采访对象，把他们的声音转录到录音带上交给赖什。赖什将一些具有旋律性的语句转化成乐谱，并且找出这些音乐的连接逻

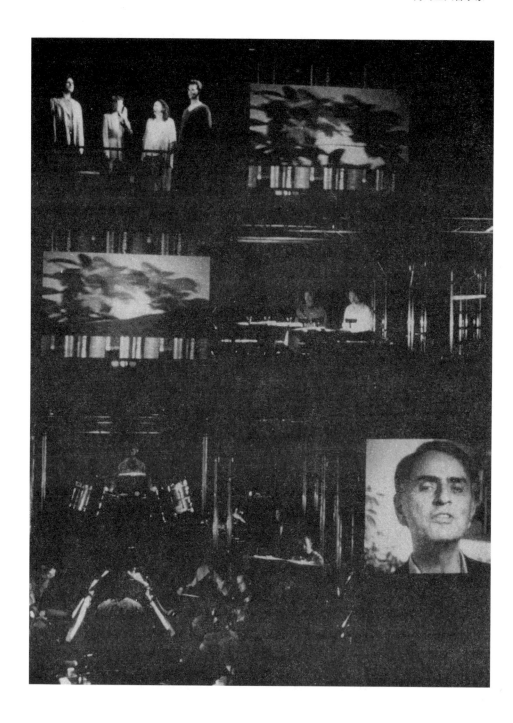

辑。接着,科洛特再设计视频部分,根据音乐的特点做出一个多讯道的节奏结构,但并不是完全依附于音乐。

两人对各自的素材都采取了极其尊重的态度。结果,对赖什而言,创作这部作品受到了比创作《不同的列车》时更大的限制。

> 《洞》里,引用了太多不同的人,就是说他们的那些语言片段在速度、调性上都太不一样,很难放在一起。创作《洞》时,我基本就是束手无策,要么写一些我在写英语时根本不用考虑的调,要么就是放弃叙述性,看看有没有其他方法将故事串起来。所有这些限制都造成了一种特殊的工作环境,我从没接触过的特殊性。

是很特殊,而且也很具有挑战性。尽管赖什的音乐素来以律动不止和缓慢变化的和声为特点,《洞》则是构建在语言音调上——人类的语言在节奏和音高上都有太多变化。因此《洞》的速度具有很强的流动性,而对半音阶的使用远超过《不同的列车》。"我就像是抓着旋风的尾巴,从六个降号一下子被刮到两个升号,这逼着我写了很多过去从不会去写的那种急剧的变化——其中一些写法成了我以后常用的语汇。"

然而,我们不能以为赖什就是机械地将语言记成音符,然后再想办法把它们连起来。实际上,他把这些采访的片段组成了跨越两个半小时的巨大和声架构来支撑整个作品。然后,他为《洞》谱写了供十三位演奏员(四个打击乐、三个键盘、两个木管和一组弦乐四重奏)以及四位歌手(两女高音、一男高音和一男中音)表演的音乐,其风格更接近于他自己的早期作品,而不是一部歌剧。

101

他为自己写了大块大块的音乐,把纪实性素材扔在一边。第一幕里,《圣经》原文用电脑按照一定的节奏逐字逐句打在显示器上,与以色列人的那些采访素材间隔使用。正是在这些《圣经》的段落里,赖什摆脱了创作上的束缚,写作了接近爵士乐的、用了更多打击乐的音乐,让人联想起《诗篇》。第二幕,由

对页:《洞》第三幕
的演出,一个美国
人对《圣经》传统的
反应于伊斯兰传统禁止为《古兰经》配曲,因此,巴勒斯坦人的那些采访内容只能配以诵经家的录音。第一幕和第二幕的宁静、整洁,到了第三幕变成生机勃勃,富于节奏感,反映了美国人对宗教传统的随遇而安但并不敬虔的态度。

　　1993年5月,《洞》在维也纳艺术节获得世界首演,1993年10月在布鲁克林音乐学院进行了美国首演。保守派为如何归类这部作品争论不休,赖什则满意于自己再次宣示了自己的态度。在1993年,他唯一能肯定的是他不认为《洞》是一部传统意义上的歌剧。"你如果从'歌剧'是'作品'的字面意思①想要称《洞》是一部'歌剧',那它当然是一部歌剧,"他说道,"但如果你认为一定要有一个乐队在乐池里,有唱美声的歌手在舞台上表演的才能算歌剧,那它当然称不上是一部歌剧。"

　　赖什和科洛特管《洞》叫"一种全新的音乐戏剧形式",这话听起来像是宣传俗套,但描述得又很准确。赖什和科洛特并没有旧瓶装新酒地写一部新歌剧,而是创造了一种独特的混合体——算不上音乐录影、算不上文献片、算不上歌剧,但所有这些的特点都具备。《洞》那犀利的、计算机驱动的音画混合,展示了一种原创的戏剧视角。

　　如果要为这样一种架构配上传统的歌剧音乐,在赖什看来就荒唐透顶了。实际上他也不大喜欢约翰·亚当斯的《尼克松在中国》式的歌剧,就是将一个现代故事裹进老式的袍子里。

　　　　我质疑在九十年代仍然用莫扎特或威尔第时代的美声和乐队来写作歌剧的方法。如果你有恰当的理由这样做,好比斯特拉文斯基写《浪子的历程》时那样,那可以,因为那是为了唤起对莫扎特式音乐的联想。但我从我们这代同行的歌剧里找不到这样的理由,只是说:"好吧,休斯敦或者纽约就只有这样的歌唱家和乐队,所以,我就这么干了吧。"我觉得,这不是真正的思考,简直就是权宜之计。

103

①　歌剧"Opera"一词的本意是连缀起来的一系列作品。——译注

　　在赖什看来,《洞》这样的当代题材就应该配上当今时代的
音乐语言——一个舞台上的电声乐队,带扩声的四人演唱组,
听上去像埃拉·菲茨杰拉德而不是琼·萨瑟兰。这种激进
的态度显然不会让赖什赢得歌剧世界当权派的喜爱,这些人一
听到放大器或者电声就容易受惊。

　　而且,无疑赖什那极其纯净,并且严重缺乏戏剧表演可能
的音乐本身,也不会让他赢得歌剧院的认可。让人不由得想到
1986 年时赖什不经意间的评论,他说:"我和格拉斯不一样,不
是个剧院作曲家;我也不会随身把戏剧带着到处走。"实际上,
《洞》里的确有某种鲜明的反戏剧性。既不是叙述性的,也不是
非叙述性的,这部作品就是没有导向性的、累积性的戏剧动力,
更像是稳固的说教性的,一种混合了音乐的纪实风格。

　　应该说,赖什从每个角度出发质疑传统的歌剧。如果《洞》
还算不上成功的话,它至少也是对全新的、二十一世纪音乐戏
剧的一次大胆而有远见的尝试。赖什没有预见到的是艺术创
新与灰暗政治现实的悲剧性冲突。

　　1994 年 2 月 25 日早晨,一个犹太教狂热分子从以色列人
定居点阿尔巴镇出发来到希布伦附近。他径直来到麦比拉山
洞,然后实施了中东历史上最臭名昭著的一次屠杀——杀死了
二十九名正在清真寺祈祷的穆斯林。在这次屠杀之前,《洞》并
没有引发过任何政治上的争议。"我们很是担心,但似乎没有
受到什么影响,"赖什说,"我们有很多阿拉伯观众,无论在美国
还是在欧洲。"

　　《洞》的首演已经过去,这起大屠杀成了可怕的余震。赖什
和科洛特在《纽约时报》的题为《反思亚伯拉罕之洞中的疯狂》
的文中发表了回应。赖什重申了自己的信念,艺术虽然会反映
某些政治主见,却无法真正改变世界的进程。他们写道:

　　　　我们不认为《洞》或其他任何艺术作品能直接带
　　来中东地区的和平。巴布罗·毕加索的和平鸽无法
　　阻止对贫民的轰炸,库尔特·魏尔、贝尔托德·布莱
　　希特,还有任何其他艺术家也无法阻止希特勒的崛
　　起。这些作品……因其艺术质量而存世,一些欣赏他

们的个人或许会被改变。就像是一个人的心灵火花
引燃另一个人的心灵一般。

左图:史蒂夫·赖什与
妻子贝里尔·科洛特,
《洞》的合作创作者在
作品首演前,1993年
下图:史蒂夫·赖什
在斯图加特广播电台
的录音棚,1986年

　　赖什和科洛特在市政厅对面的一幢翻新的工业建筑里生
活与工作,距离六十年代简约主义最初爆红的公寓和画廊并不
远。赖什的小录音室里塞满各种磁带设备、电脑,一架立式钢
琴,特别还有一架木琴。

　　这位不知疲倦的、言辞犀利的作曲家说话很快,而且出口
成章。和他的音乐一样,他很少情感外露;他的热情总是以理
智而非情感的方式涌现出来。尽管赖什那干涩,甚至有些尖刻
的智慧有时会让自己兴奋起来,但他还是个有很强主见的
人——辅以毫无保留的、坚定的真诚。

　　赖什花了长达五年时间投身于《洞》这样的大型项目，可算是精打细算地冒了一次险。他难道不担心自己长时间的沉寂会在经济上有负面影响吗？

　　　　我当然担心。我的想法是《洞》最好能获得成功。但你总是要做自己该做的事。我想要自己为自己解决音乐戏剧的问题，我觉得这次是做对了，而它也的确需要花费这么长时间。在欧洲，我的损失不多，但在美国的确损失了一些。但我想这可能是因为《洞》要在美国做的确很难也很贵。

105
　　在美国，国家一般不补贴剧院，《洞》就不可避免的昂贵；每次上演都要花费二十万美元。在纽约首演后，没有一家美国歌剧院重新排演这部作品的情况就反映了这一现实。但这也可能体现了另一个残酷的现实——赖什已经不如菲利普·格拉斯那样更有市场号召力。作为一个乐谱很难买到，也不怎么与世界一线流行明星合作的作曲家，赖什和他的音乐逐渐成了一种独特的趣味。

　　当然，不能以此评价他作品的价值，相反能很好地证明他创作的独创性。实际上，赖什和杨都是第一代中最坚定的简约主义者，宁愿追随自己内心的想法而不是跟着日新月异的世界
106
团团转。"我的一些同时代人满足于创作老式的作品，当然市场需要这样的东西，"赖什感叹道，"只是我不是那样的作曲家。我最好的作品总是在质疑传统。"

　　对赖什来说，作曲是缓慢的、痛苦的系统性过程。他就不适应那种接下大把委约的做法，而是让自己有充分的时间挑选感兴趣的项目。直到最近，他还一直尽可能避开高调的音乐戏剧世界，而他也将聚光灯让给了那些更长时间尝试这种创作的人。

　　在这些作曲家中，没人能像菲利普·格拉斯那样，为歌剧和音乐戏剧舞台花费了大把时间和精力。

第四章

年轻而情绪化的菲利普·格拉斯，
摄于巴黎，1965年

当我还在用重复结构、简单的音高关系写作时，我把作品拿给其他音乐家，他们通常很生气，甚至拒绝演奏。一开始我对此毫无思想准备。在我看来，这音乐那么简单、那么透彻，他们生什么气呢？当然，这实际上就是他们生气的关键。我不经意间挑战了太多当代音乐的既有观念。

——菲利普·格拉斯，1980年

菲利普·格拉斯,简约主义者

108

菲利普·格拉斯不仅仅是作曲家。二十世纪九十年代,他已经令人羡慕地上升到大众文化现象的地位。没有其他现世作曲家卖出过如此多的唱片,并且在古典音乐小圈子外产生如此重大的文化影响力。在这个作曲家都努力游走于社会前沿的时代,格拉斯是个例外,他拥有庞大而混杂的听众群,包括摇滚乐、新世纪和古典乐的狂热爱好者。实际上,他自己就成了一个文化现象。菲利普·格拉斯喝顺风(Cutty Sark)威士忌,就是一种宣传推广。菲利普·格拉斯为斯沃琪手表写了一个闹铃声,为这件事也要开一个发布会。曾几何时,一位在世作曲家会成为商品上市的推手?

作为商品的作曲家:斯沃琪的菲利普·格拉斯腕表的广告

格拉斯的情况如此特殊,而我们必须牢记他接受的实际上是非常传统的音乐教育。1937 年 1 月 31 日,格拉斯出生于巴尔的摩,祖辈是立陶宛和俄罗斯迁来的犹太移民,他的父亲,本,开了一间无线电修理铺,而他就从父亲这里接受早期音乐教育。本·格拉斯不仅维修无线电,同时也卖唱片。如果有某张唱片不幸落得个进入垃圾桶的下场,他就把它带回家,放给自己的三个孩子听。就这样,格拉斯听了舒伯特的《降 E 大调钢琴三重奏》(当时他四岁,这是他最早的音乐记忆)、贝多芬的《弦乐四重奏》,后来还有埃利奥特·卡特的《四重奏》和肖斯塔科维奇的《交响曲》。十二岁时,格拉斯帮父亲打理唱片事务,从而得以聆听各个类型的音乐,从古典到流行。

他从小展现过人的音乐才华。六岁时开始学习小提琴,然后转学长笛,并且被皮博迪音乐学院预科接纳为学员。但他很快不满足于长笛有限的曲目,再次改行,转学钢琴。刚过十四岁他就通过了芝加哥大学的提前入学考试,1952 年秋天开始大学生涯时,只有十五岁。

在芝加哥,他的主业并非音乐,而是数学和哲学;业余时

109

间，他摔跤、练钢琴，听了很多艾夫斯和韦伯恩的音乐。为了养活自己，他还兼职在机场当行李搬运工。1956 年 6 月毕业时，他才十九岁，但已经开始作曲。和远在加州的杨一样，他也深受韦伯恩序列主义思想的影响——他对韦伯恩的学习也引出了一部十二音体系的弦乐三重奏的创作，在离开芝加哥前就写完了。

1954 年，格拉斯来到巴黎短暂学习，他一度沉迷于让·科克托所谓的烟花之地。"（科克托的）《奥菲欧》里讲过的波希米亚式生活很吸引我，而那时我就是和这么一帮子人混在一起，"1994 年，他如此回忆，"参观他们的画室，看他们工作，整夜在美艺舞厅闲逛。"他毫不怀疑十年后自己会回到巴黎，也不怀疑1964 年的那次旅行会更具有历史意义。

和赖什一样，格拉斯转去茱莉亚音乐学院，也转到了作曲专业。他俩不仅是同学，还跟从相同的老师，威廉·博格斯马和文森特·佩西切第。格拉斯并不像杨大闹伯克利那样，在茱莉亚兴风作怪。相反，他是作曲系的模范生。他放弃了早先对序列主义的兴趣，转而使用具有浓烈科普兰和威廉·舒曼气息的调性音乐——这正是茱莉亚推崇的美国民族风格。

"我是个很好的学生；一个 A+ 生，而那些作品是 A+ 作品，"1980 年时他这么说，"我那时模仿老师的方法写作，他们都很喜欢；这是一种对他们的敬意……我能说的就是这些作品几乎是别人创作的。任何人都不值得再去关注这些作品。"

在茱莉亚的阶段，格拉斯无疑是多产的。他当时创作了将近七十部作品，大多数都上演了，由于佩斯切第的关系，很多都在艾尔肯-沃格尔出版社出版。"我当时并不知道，这些作品即便不是丢人现眼的，至少也是不具代表性的。假如我能从出版商那里撤回这些作品，我会撤回的。"

当然，纽约的音乐生活远不止茱莉亚而已。和赖什一样，*111* 格拉斯跑到下城区先锋村聆听约翰·科特兰的演奏，但他显然受爵士的影响不如杨、赖利和赖什那么多。1961 年，他甚至偶然地出席了小野洋子的公寓音乐会。正是杨演奏《作品，1961》的那一场。"他根本不在演奏音乐，他就在画线，"格拉斯说，"我觉得有人这么干真是神奇。我那时才二十三岁，这对我

而言太先锋了。当时很受震动,我一直都记得这事。"

1960 年夏,格拉斯前往科罗拉多阿斯本,在那儿向达里乌斯·米约求教。一年后,米约在米尔斯学院向赖什施教,但赖什完全不为所动。1960 年的米约仍然具有自己的光辉。尽管离开法国多年,格拉斯仍向米约求问了二十年代和三十年代巴黎的情况,以及他当年和科克托合作的详情。他同时也继续自己的创作,在米约的指导下谱写并编配了《小提琴协奏曲》。

人们会得到这样的印象,格拉斯过着一种可敬的,有时有点与世隔绝的学院式作曲学生生活。而 1961 年他在茱莉亚拿到硕士文凭以后,情况也没有多少改变。1962—1964 年,他住在匹兹堡,接受福特基金会的资助,作为青年作曲家投身公立学校的工作。这下,他的作品主要是些应景音乐,供学校与团体演出使用。他的作品都有调性,用的是科普兰式的语汇,包括为学校乐队演奏的进行曲、为社区乐团演奏的《传统序曲》、一首"中等难度"的弦乐四重奏和其他一些室内乐。艾尔坎-沃格尔出版了其中的二十首,作曲家后来对这些作品都不愿承认。

因此,二十七岁的格拉斯作为一个多产作曲家和社会积极分子,能轻松地创作不得罪任何人的音乐。他的生活中没有丝毫线索,会引发人们对他不久以后就将踏上的激进道路产生联想。1964 年,杨组织了自己的"永恒音乐剧场"、赖利已经在创作《C 调》、赖什还在试验循环带,而格拉斯还在写作传统美国风格音乐。

他肯定觉得自己走进了死胡同,因为在 1964 年,他决定彻底重学作曲。还有哪儿比巴黎更合适呢? 拜两年期富布赖特奖学金所赐,他得以到巴黎随娜佳·博朗热学习。这是二十世纪最著名的作曲老师,从阿隆·科普兰和维吉尔·汤姆森开始,她一手教会了整整一代美国作曲家。没人比博朗热更合适传授给格拉斯他认为自己缺乏的严格作曲技术。博朗热以其严苛的对位法教学而著称,格拉斯过去也曾感叹她简直就是"魔鬼"。如今,他回想当初的岁月满怀感恩之情,承认:"若不是从她那里学到如何掌握这种基础的作曲技巧,我根本不可能写作如今正在创作的音乐。"然而,格拉斯对学习阶段的回忆仍

112

能显示博朗热对学生的要求是多么严格。在 1987 年的自传
《菲利普·格拉斯的音乐》中，他这样写道：

> 　　对博朗热来说，我在茉莉亚的成绩完全不作数。
> 我还记得，我第一次到她位于巴露街的公寓—教室的
> 那个下午。她那时已经七十九岁，很严肃，穿着一丝
> 不苟，仍然按五十年前的风格打扮。在一片寂静中，
> 她一页页地看我带来的音乐。我当时觉得，有些还是
> 挺值得骄傲的。她静静地读了很久，突然按住一行，
> 胜利般地指着说道："这儿，这才是真正作曲家的
> 手笔。"
>
> 　　这大概是近两年内，她第一次也是最后一次说我
> 好的句子。
>
> 　　从那天开始，她开始给我上对位、和声初级课程，
> 随后是音乐分析、练耳、读谱以及她能想到的所有基
> 础课程。她的教学方式非常严格。我那时大概二十
> 六了，可一下又变回了小孩子，全部从头学过。但当
> 我在 1966 年秋天离开巴黎时，我的技术得到重塑，还
> 学会用几年前根本不可想象的方法聆听音乐。

菲利普·格拉斯和乔安
娜·阿卡莱蒂斯，后来他
的第一任妻子，于 1964
年夏天在西班牙海滩

格拉斯在巴黎的导师,娜佳·博朗热,格拉斯对她又敬又怕

格拉斯每周去上三次课,一次是私人授课,一次参加普通班（就是所有跟她学习的学生一起上课）,然后还有臭名昭著的"黑色星期四",那是专门为特定学员开设的挑战性（或者说折磨性）课程。1965 年,有一天格拉斯去上和声课,带着他刚做完的习题。 *114*

她看出了一个被称作"隐伏五度"①的错误。她一直安静地读着这张纸然后转过来。带着一副同情和关心的表情问我,感觉如何。我说"我很好,小姐"。她问:"你有没有感冒？头痛么?"我当时还不知道出了什么事。"我认识一个不错的医生。有问题看看医生不用感到丢脸,医生会保护病人的隐情。"我解释说,我不觉得自己需要看医生。终于她说道:"那我就不明白了……"她慢慢踱过来,指出我犯的错误:"那你如何解释写下这个东西时的精神状态？你分明是走神了,恍惚了。假如你清楚地意识到自己在做什么,是根本不可能发生这种事情的。"

① 当连续两个和弦的最高和最低声部构成一个同向进入五度音程关系的写法就被称为"隐伏五度",在和声学教学实践中属于严格禁止的做法。——译注

　　不过至少，博朗热奉为模范的作曲家，也都是格拉斯喜欢的——主要是帕莱斯特里那、蒙特威尔第和莫扎特。但当时的巴黎音乐圈则完全不是如此，以皮埃尔·布列兹为代表的序列主义正大行其道。1984 年，他如此回忆布列兹当时的"音域"系列音乐会："那是一片荒原，只有一群疯子和傻子，在写疯狂无理的音乐。"毕竟，格拉斯早在青少年时期就在芝加哥学过序列主义音乐，很早就失去了对任何形式无调性音乐的兴趣。"在我看来，那就是一种已经过时了的音乐，渐渐让位给现代音乐。要知道，阿诺德·勋伯格简直跟我爷爷一样老了。"

　　在格拉斯跟随博朗热的第二个年头里，一次偶然的机会为他拓宽了路子。1965 年秋，电影人康拉德·鲁克斯雇他担任影片《回到查巴克》（作家爱德华·斯特里克兰称之为"上头①的史诗"）的音乐编辑。格拉斯不仅要写作自己的音乐片段，还要负责把印度西塔琴大师拉维·香卡写的音乐加以改编配入影片。因为，如果没有人转译，法国音乐家们根本不可能读懂香卡写下的乐谱。这个任务就落在了年轻的作曲家，自称对非西方音乐毫无了解的格拉斯身上。

　　格拉斯花了几个月时间和香卡以及他的塔布拉演奏员阿拉·拉卡在一起。渐渐地，他理解印度音乐是建构在与西方非常不同的节奏原则上的。按照他的理解，印度节奏是由一种不断添加的方式构成的，单一的节拍串联在一起，构成长的节奏循环。在《菲利普·格拉斯的音乐》中，他如此描述自己的发现：

　　　　我试着这样来描述西方音乐和印度音乐中对节奏的不同用法：在西方音乐中，我们划分节奏，好比把一个特定的时长看作一块面包，一刀刀将它切开来。在印度音乐（还有我所知的所有其他非西方音乐）中，拿一个小的单元，或称"一拍"，一个个串起来构成较长的时间单位。

　　　　我和拉维还有阿拉·拉卡在录音室里工作的时候，这一点给我很强烈的印象。我们和一群音乐家坐

---

① 指药物滥用后带来的上头感受。——译注

在一起,由我来记录将要录制的音符……(拉维)一句句唱给我听,而我一点点把它记录下来……在我按照西方传统标记小节线的时候,问题就来了。这会平白造成某种重音。音乐演奏的时候,阿拉·拉卡直接指出了错误。无论我把小节线写在哪里(按照通常的"西方"模式分割音乐的时候),他总会发现错误。

"所有的音符都是相等的。"他总是提醒我……

最后,我在绝望中删掉了所有小节线。这时,我眼前出现了阿拉·拉卡想要告诉我的东西。不是八个音一组、互相割裂的音组,而是一个稳固的节奏律动出现了。

阿拉·拉卡(塔布拉鼓)和拉维·香卡(西塔琴)向格拉斯展示了复杂的印度音乐

那种稳固的节奏律动将会成为格拉斯自己所写音乐的支柱。他首次对新掌握的这种重复节奏语汇的使用,是在为1965年巴黎排演赛缪尔·贝克特的《剧》所作的配乐中。由李·布鲁尔指导的《剧》是美国实验戏剧社推出的首批先锋剧作之一,

该剧社在 1967 年回到纽约后以马布矿剧团著称。这个剧社的另一个重要骨干是乔安娜·阿卡莱蒂斯，格拉斯的第一任妻子（后来成为纽约下城区戏剧世界重要的人物，最终担任公共剧院总监一职）。

格拉斯很快成了马布矿剧社的非官方驻团作曲家，在长达二十年的时间里，为该社创作了十几部音乐作品。然而，1965年，他为《剧》所写的配乐还是让所有听到的人都吓了一跳。"不奇怪，"格拉斯写道，"拿《剧》来说，这作品就只有两行，各由一把高音萨克斯管吹奏，各只有两个音。因此，每一行各自呈现一个不同的脉动……从而形成一个非常静态，但又富于节奏变幻的作品。"

听到《剧》的音乐家们可不仅仅是震惊，他们彻底被激怒了。格拉斯在 1980 年回忆说：

117

> 当我还在用重复结构、简单的音高关系写作时，我把作品拿给其他音乐家，他们通常很生气，甚至拒绝演奏。一开始我对此毫无思想准备。在我看来，这音乐那么简单、那么透彻，他们生什么气呢？当然，这实际上就是他们生气的关键。我不经意间挑战了太多当代音乐的既有观念。

1966 年春天，格拉斯随博朗热学习的课程结束了，他丝毫没有告诉她自己已经开始采用离经叛道的音乐语汇。1966 年8 月，格拉斯完成了《弦乐四重奏》，这部作品预示着简约主义呼之欲出。《弦乐四重奏》的两个乐章共分为三十六个模块；每个模块为七小节到十小节不等，各自包含一个独特小段的重复。尽管作品中不断重复产生的稳定感和少有发展的氛围直指简约主义，但《弦乐四重奏》所采用的半音化音响、大量不协和音和华丽的对位还是和格拉斯即将在美国开始创作的作品有着天壤之别。

在格拉斯和阿卡莱蒂斯回到纽约前，他们先去亚洲转了一圈。一年前，他们还去了一趟摩洛哥，在那儿，格拉斯（和赖利一样）对北非音乐和伊斯兰艺术中不断重复的几何图形十分着迷。如今,香卡则引发他们探索印度音乐的兴趣。1962 年起,格拉斯开始练习瑜伽,而到 1966 年他就转向佛教冥想(今天他依旧是虔诚的藏传佛教信徒)。

就在 1966 年秋天,他们从巴黎出发前,格拉斯和阿卡莱蒂斯拜会了沙吉难陀大师,他在斯里兰卡有间道场,并邀请他们去那里研修:

> 我们沿陆路进入印度,这是经典路线——坐火车穿过土耳其,坐汽车穿过伊朗、阿富汗,由喀布尔小道进入巴基斯坦,然后转入旁遮普邦。我到了新德里的时候,沙吉难陀大师留了一封信给我:"亲爱的弟子,很高兴通知你,我已在纽约开设了一间很大的道场,已经没有理由再让你去锡兰。请回到纽约来。我可以在这里教导你。"可我并不打算在见识印度之前就回去。

118

于是,格拉斯和阿卡莱蒂斯花了四个月时间游览喜马拉雅山脚,在各个寺庙驻足,最终停留在大吉岭。1967 年初,他们抵达纽约——格拉斯的简约主义作曲家身份正式启动。

1967 年 3 月 18 日,回到纽约后不久,格拉斯观看了史蒂夫·赖什的三场系列音乐会中的两场。格拉斯自从离开茱莉亚之后就没再跟赖什联系过,这时深受这些音乐会的震动,其中包括一个现场表演的四钢琴版《钢琴相位》。事后,格拉斯建议和赖什碰头,给他看一些自己最新的作品。赖什如此回忆他们的碰面:

> 他拿出了他的《弦乐四重奏》,应该是他离开欧洲前写的最后一部作品。当然不像此前的作品那么不搭调,但仍然看得出是一部过渡作品。我对他说:"你该试着搞一些成系统的东西。"——我猜,我们无意中搞出了些路线上的东西。

119

当代音乐中最伟大的竞争开始了。赖什称,格拉斯有意模糊他的新简约主义语汇在多大程度上应该归功于赖什。"1967

年时，我是给予者，他是接收者。但他的反馈却很不磊落，"赖什刻薄地说，"维特根斯坦曾说：'牛顿为什么不感激莱布尼茨？这只是举手之劳而已。'但在当事人看来，肯定是个大事情。所以，格拉斯不过是个不承认传统的继承者罢了。"不仅赖什对格拉斯的忘恩感到愤怒，甚至杨也讽刺过他。"他不大愿意承认任何东西，"杨这样说，更多是诙谐而非气愤，"他是真空里蹦出来的；没有任何先导者。他当然知道这是怎样的感受，我确信他真的是这么认为的。但是，毕竟他在赖什的小组里干过，这没法否认。"

在格拉斯看来，画出影响的线索是简化历史的做法，他强调说，简约主义语汇是许多作曲家先后努力的共同成果。"在我回到纽约那时，少说就有三十多个作曲家用很相似的风格创作。"1988 年时他这样说：

> 回忆那个年代，那真是一个探索的时代——很多人都在写这样的音乐。不幸的是，媒体只关注了其中少数的几个人，而我认为这并不公平——这没有体现出那时我们所作音乐的丰富性和活力，而要争夺所谓鼻祖地位——这个风格的开创者——我觉得太愚蠢了。

当然，赖什不觉得这事愚蠢，他认为格拉斯的说法只是遮蔽自己对前人有所借鉴的烟幕弹。当然，赖什和杨的不理性表态多少是因为他们嫉妒格拉斯所获得的巨大商业成功。最终，证据都在音乐里。而细究其年代，证据更多地站在赖什一边。

一回到纽约，格拉斯迅速地简化自己的音乐风格，达到他在巴黎的所有创作都无法企及的地步。他抛弃了《弦乐四重奏》中的半音化和不协和音响，代之以平实、和谐的语汇；交织的对位法被齐奏或平行织体取代；音量很响，而速度变得更快。如今，格拉斯真的开始采用一种系统化的方式创作——倒不是采用赖什的变相技术，格拉斯采用了一种学习自印度音乐的以添加节奏结构为基础的做法。

沿着这条道路迈出的第一步是为扩声独奏小提琴所作的《恍惚》(1967)。这部作品全部用快速的八分音符连缀而成，没有任何小节线。由于只用了五个音高,不断地重复,以格拉斯标志性的加成方式完成①。几乎同样的方法用在了《一加一》(1968)中,这部作品由一个人敲打桌面而成。另一部这一类型的作品是《两页》(1968),同一个乐句由电子乐器、木管乐器齐奏,时而增加、时而缩减这个句子(最初,格拉斯的这部作品是有所题献的,《献给史蒂夫·赖什的两页》,1969 年这个标题也缩减了,只剩下"两页")。

格拉斯的这种"增"或"减"怎样起作用呢?每当一个音乐模件②在演奏的时候,时而延长,时而缩短(比方在《两页》中,总共有一百零七种模件,每一个都不定次数重复)。假如某个模件由四个音构成,突然增加了一个音,那么新构成的五音模件就要重复;反过来,假如这个四音模件突然减少了一个音,那么新构成的三音模件也要重复。但因为节奏,通常都是疾速的八分音符,从不改变,力度也是不变地响,织体也总是单一的齐奏,根本没有和声可言,因此格拉斯的这些早期作品,堪称当时简约派中最激进的。

格拉斯和赖什共享他们的资源,头几年里,两人甚至使用同一个演奏组合(这个合奏团的核心成员自 1966 年起就为赖什演奏)。不久以后,格拉斯和赖什分别在 SOHO 区电影人影院举办了音乐会;1968 年 5 月 19 日的格拉斯之夜,是他在纽约的第一个个人作品专场。作品包括《恍惚》,按照格拉斯的要求,音乐被"钉在墙上,绵延十五英尺(约 4.6 米)然后突然折向墙外,与墙壁呈 L 型"。同时表演的还有《方形音乐》(标题是对埃里克·萨蒂的《梨形小曲》致敬),这部作品设置成一个巨大的方形,每边十英尺(约 3 米)长。格拉斯和琼·吉布森演奏长笛:"我们开始演奏,朝相反方向前进最终回到起点。"回顾这一晚,格拉斯写道:"那是非常概念化的音乐会,很整齐。视觉和听觉上都是。听众绝大部分是艺术家,大概有一百二十人,把小小的电影人影院挤满了。"

122

---

① 这部作品实际上用弗里吉亚调式写成,用到了从小字一组 e 向上十度内所有的音高,而且格拉斯有四次使用突变的节奏来打断持续的八分音符节奏型。——译注

② 即一个乐句或比乐句更短小的某个音列。——译注

多萝西·皮克斯里-
罗斯柴尔德演奏格
拉斯的《伸展》，这
部作品的乐谱贴在
墙面上。这些图片
拍摄于纽约电影人
影院，1968 年

和赖什一样,格拉斯参与自己的乐队演出,部分出于无奈(因为不会有主流团体来碰他的音乐),部分出于原则。作曲家亲自参与音乐演出在古典音乐圈子里或许并不常见,但在摇滚乐中司空见惯。况且格拉斯合奏团的吵闹声音和赖什音乐家们精心调制的音响差别巨大。主要由便携式摇滚风琴和扩声木管乐器构成的格拉斯乐队,简直就是一个连上了永动机的螺旋桨。

如果说杨、赖利与赖什深受爵士乐的影响,格拉斯则更接近摇滚乐。因此,他在摇滚俱乐部表演也并非偶然,他的音乐继而影响了大卫·鲍伊和布莱恩·伊诺,他还和流行明星,像大卫·比尔那和保罗·西蒙合作(1985年《动荡岁月的歌》),他自己还在八十年代早期组建了一支摇滚乐队"复合摇滚"。尽管格拉斯的乐队里没有打击乐,但脉动式的节奏、无休止的重复、震耳欲聋的音量和电子键盘的加入都透露了其与摇滚乐的关联,并且为他日后商业上的成功做了铺垫。

然而,直至此时,商业成功还离得很远。格拉斯当时不仅和赖什同为切尔西搬家公司仅有的两个员工,他还兼差疏通水管。后来他回忆说:"有一次我去SOHO区为一家人安装洗碗机。正在工作时听到一阵响动,抬头一看,《时代杂志》的艺术评论家罗伯特·休斯正满脸狐疑地看着我。'你是菲利普·格拉斯!你在这儿干什么?'显然,我是在为他安装洗碗机,我说很快就干完了(我手脚一直很快)。'可你是艺术家,'他抗议道,'我可不能让你装我的洗碗机。'" *123*

1969和1979年,格拉斯和赖什发现,他们那支联合乐队(当时还没有命名)接到的邀请变多了。大都是在一些非常规的场所,好比下城区的新学校、上城区的博物馆,如惠特尼和古根海姆(直到1971年,他们首次访欧巡演之后,乐团才最终分为史蒂夫·赖什与音乐家们和菲利普·格拉斯合奏团)。在纽约的这些音乐会上,格拉斯演出了1969—1970年间创作的作品——简约主义的经典之作,是他写过的最大胆也最令人振奋的作品。

例如,《五度音乐》(1969),由两行快速无休止的八分音符音乐构成。每一行都按照他的增减模式变化,两行音乐从头至尾以平行五度进行(评论家蒂姆·佩奇指出:"格拉斯一直将《五度音乐》看作对博朗热的致敬,整个作品完全由平行五度构成;而在他的老师致力一生的经典对位法教学中,这是绝不容许的错误。")《反向音乐》(1969)由两行密集的八分音符音乐构成,各自采用增减模式,但两者完全反向进行,底下保留着一个低音的嗡鸣。《同向音乐》(1969)进一步丰富了乐曲的织体,它开始于一行八分音符的音乐,随后逐渐扩展到四个声部,全部同向进行[1]。

即便在今天,格拉斯的早期作品仍是名副其实的简约主义宣言。当然,它们同那些纯黑的画布一样严肃而冷峻。这些作品没有配器、节奏、速度或力度上的任何变化,也断然拒绝了西方音乐的发展模式和目的性,全都采用一种无方向悬停式的对时间的占据。

人们很容易误以为格拉斯的早期作品就是一些简单的重复。但它们比看上去复杂。一开始,无休止的重复可能让人昏昏欲睡。然而仔细聆听,你会开始注意到丰富的细节变化。很快,你就会明白,几乎每次重复都不相同——尽管律动始终不变,这个回旋的旋律总是在长度上有细微变化,如鬼火一般起舞。如同某种虔诚的宗教仪式,这种音乐旨在净化灵魂,为心智打开通往更高境界的大门。人们可以因为其迷幻效果,着迷于其中,但其真正的目的在于提升人的意识,而不是令意识陷入恍惚。

在《变化声部的音乐》(1970)中,格拉斯将他的增减技术推向极致(由于重复次数并不固定,这部作品的演奏时间可在一小时和两小时之间不定)。这是首次,也是最后一次格拉斯允许在自己的作品里存在一定程度上的即兴,好比那条由管乐和人声构成的持续低音线。1971年3月,当这部作品在英格兰演出时,大卫·鲍伊和布莱恩·伊诺都去伦敦皇家美术学院观看了演出。很快这两人的作品里也出现了这种重复律动,这绝非偶然。

---

[1] 根据菲利普·格拉斯为 Nonesuch 录制的唱片,声部数量不定,声部间隔也不定。除了平行声部外,明显还有其他的声部。——译注

　　但是,格拉斯自己对《变化声部的音乐》中的即兴并不很认同。"对我而言,这有点嗨大了,"1993 年时他说,"我们后来不再这么演了。但对我的音乐发展而言,这一步很重要。我向自己证明,我在做的音乐可以在很长的一段时间里持续获得听众的注意力——这曲子大约一小时长。于是这让我敢于创作《十二个声部的音乐》和其他那些歌剧。"

　　到了七十年代,菲利普·格拉斯合奏团固定为一组电子键盘(格拉斯自己演奏其中之一)、一些扩音木管乐器和一组无词女声。此外还有音效设计师库尔特·蒙卡奇(如今是格拉斯的制作人),后来还有指挥迈克尔·李斯曼。

　　在蒙卡奇的帮助下,格拉斯创办了自己的唱片品牌,查泰姆广场。按照格拉斯的说法,创办查泰姆广场是"为了能让我的音乐被更多人获取,而当时没有什么商业厂牌愿意灌录我的作品"。限量版的双张《变化声部的音乐》由查泰姆广场于 1971 年发售,后来成为发烧友追捧的圣物。在那一年某个周末录制的这套唱片,记录了菲利普·格拉斯合奏团最声嘶力竭也是最趾高气昂时的声音。

　　这支乐团,成员都留着长发,穿着邋遢的服装,还有那扩得巨大的音量,很快就在大学、博物馆、画廊和地下摇滚俱乐部的 *125* 年轻听众中掀起了热情。但格拉斯的表演也绝非没有争议。1970 年,格拉斯第一次前往欧洲演出,作为简约主义雕塑家理查德·塞拉的助理。在阿姆斯特丹演奏他的键盘乐作品时,有位观众跃上舞台,想要跟他一起演奏。作为曾经的摔跤运动员,格拉斯用一只手打了他,另一只手继续表演。"我打了他,这一点我并不感到骄傲。我没把他怎么样,但足够把他弄下舞台了。"1972 年,在意大利斯波莱托艺术节上,艺术节总监、作曲家吉安·卡洛·梅诺蒂拂袖而去,还有人试图切断电源阻止演出进行。在 1973 年纽约的一次户外演出上,还有其他的"惊喜",有个人试图大喊终止音乐表演:"他们不是音乐家! 他们不会演奏! 我是个音乐教师,我知道他们根本不是在演奏自己的乐器!"

　　然而,忠实的下城区视觉艺术家们始终是合奏团坚实的后盾。1973 年春天的一个晚上,菲利普·格拉斯合奏团正在演奏

《变化声部的音乐》,那是个九十分钟长的版本。地点在雕塑家唐纳德·裘德的 SOHO 区公寓。简约主义的支持者、《纽约时报》的音乐评论家约翰·洛克威尔如此写道:

> 格拉斯的合奏团当晚表现出来的精神和精准是多年训练才可获得的。这种音乐是一种独特的生命体,机械化的节奏、絮絮叨叨被放大的音乐形象和持续低吟的支撑音,回荡并充盈着整个空洞的工业区。声音如此之响,以至于在伍斯特大街散步的舞蹈家道格拉斯·邓恩和萨拉·拉德娜都坐下,远远地聆听。一群青少年自顾自舞动着身体。在街对面,楼上的窗户里映出一位萨克斯管手的剪影,如同一张格林威治村波希米亚艺术家的褪色明信片。这真是纽约城极富魅力的夜晚。

1974 年 6 月 1 日,格拉斯第一次踏进上城区传统的音乐会场馆——音乐厅。这场演出票房很成功,一千四百个座位卖掉了一千二百个,演出后观众起立为作曲家鼓掌,而那些头脑较开放的评论家开始给他有限的认同。格拉斯为自己上城区处女秀挑选的曲目包括他的巨型作品《十二个声部的音乐》——一部从 1971 年一直写到 1974 年的作品,也是他创作中的里程碑。《十二个声部的音乐》可被看作赖什《为十八位音乐家而作》的同类,因为这两部作品都标志着作曲家开始向数年前的原教旨简约主义告别的开端。

《十二个声部的音乐》的标题是个双关语。一方面,乐谱总共十二行(三件电子键盘每件两行,其他六行供木管乐或女声使用)。另一方面,作品共有十二个段落,每段约二十分钟长。全曲的演出总长要超过五个半小时,包括一个小时的晚餐时间[①]。

格拉斯称,他想用《十二个声部的音乐》总结自己到此时为止的全部简约主义技术,他并不是在说笑(评论家蒂姆·佩

[①] 格拉斯和李斯曼为 Nonesuch 录制的这部作品演奏总长为三个半小时,每段演奏时间不等。——译注

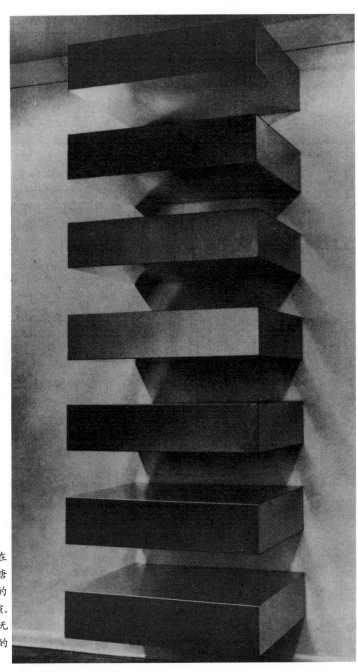

菲利普·格拉斯在
简约主义雕塑家唐
纳 德 · 裘 德 的
SOHO 区寓所表演。
图为裘德的作品《无
题》(1965),由重复的
块状物体构成

奇把这部作品称作格拉斯《重复的艺术》,试图让这部作品和巴赫产生关联,因为巴赫曾写过总结其一生的《赋格的艺术》)。这十二个段落中,有些是相互关联的,而另外一些则是独立的。有一些段落,他用了最初的大齐奏写法,有些则被赋予复杂的对位写法;有些采用他的增减法,有些则更遵循西方音乐的传统;一些段落和格拉斯最早的作品一样从头至尾一成不变,但也有一些段落里,他甚至探索了新的方法,尤其是和声方面的可能性。

《十二个声部的音乐》最后几个段落开始出现富于变化的、具有方向感的和声进行。甚至包括远关系转调和意外半音化进行。第十二段中,低音线就从一个随意的乐句不断增加音符,最终变成涵盖所有十二个半音的半音阶,或许这是格拉斯对序列主义的反讽。约翰·洛克威尔写道,第十二段"突然转入功能性根音位置的和声,换言之,完全调性语言体系,从而为规模更大的,建立在调性音乐基础上的歌剧创作开辟了广阔天地"。

正如赖什的《为十八位音乐家而作》中,厚重的织体、丰富的配器和和声进行提出了音乐进行以外的问题,《十二个声部的音乐》同样意味着简约主义这个词用到头了。格拉斯自己一直坚称:"对我而言,1974 年简约主义就结束了。"1988 年,他解释了其中的原因:"因为此后我几乎完全为戏剧写作。我一直在和马布矿合作,但那时已经是我在主导工作。我感到,戏剧的美在增加而不是减少,而在这样的背景下,简约的原则完全不适合也不适用。"

换言之,格拉斯认为,音乐戏剧的需求和简约主义的严酷特性完全不相容。几年内,他就通过自己的第一部歌剧,也是他最杰出的作品之一《海滩上的爱因斯坦》展现出极繁主义的一面。这部作品也是美国戏剧史上的转折点。

第五章

成年菲利普·格拉斯,为拍摄肖像
所摆的造型

（让·科克托的）影片《奥菲欧》是一
部自传式的影片,讲述了一个长江后浪
推前浪的故事。但他最后被谁杀了呢?
是他的诗人同僚。当诗人宣称他被大众
认可的时候,评论家指出:"你仅仅被大
众认可。"多么精彩的句子啊。

——菲利普·格拉斯,1994 年

菲利普·格拉斯,极繁主义者

　　从《海滩上的爱因斯坦》开始,格拉斯的艺术生涯不可逆转地奔向歌剧和音乐戏剧。而他是如此成功,最终成了复兴美国歌剧的关键性人物——因为在七十年代,这一体裁似乎已经陈腐、垂死而且毫无复苏的迹象。

　　在《海滩上的爱因斯坦》中,格拉斯的合作者是美国舞台导演罗伯特·威尔逊。此人的作品以具有震慑力的画面,史诗般的气度以及神秘的、非叙事性的表达而著称。所有这一切,同格拉斯非发展性的、非延展性的音乐十分贴合。

　　1974年春,格拉斯和威尔逊开始定期见面。有时会有一个患有自闭症的十四岁男孩克里斯托夫·诺尔斯加入进来,格拉斯称这个孩子"拥有对世界的独特洞见"。格拉斯和威尔逊一致打算将歌剧建立在历史人物身上:威尔逊已经创作过一部耗时一整夜的戏剧作品《约瑟夫·斯大林的一生及其时代》(1973),而他现在提议可以拿卓别林或希特勒作题材。格拉斯则更推崇甘地(后来在他的第二部歌剧《非暴力不合作》中成为主角)。最终,威尔逊提议爱因斯坦,格拉斯表示同意——因为这位科学家同时也是个著名的业余小提琴家。

　　随后,格拉斯和威尔逊开始考虑歌剧的概貌。他们将长度确定为四小时左右(实际上最终长度接近五个小时);三个神秘的场景(火车、床上的审判和有宇宙飞船的田野);一个爱因斯坦角色,要有相当多的小提琴演奏部分;整个四幕结构用"膝盖戏剧"予以链接——因这些幕间剧具有类似人体膝关节的连接作用而得名①。每个台上的人员都穿与爱因斯坦相同的服装:宽松的裤子、背带、短袖衬衫和烟斗。所有可视元素,包括火车、

---

① 罗伯特·威尔逊的"膝盖戏剧"或称幕间剧受到哑剧、傀儡戏剧,特别是日本净琉璃和能戏的影响。一般都涉及可拆卸装置和大型复杂的木偶道具。——译注

罗伯特·威尔逊为1976年的歌剧《海滩上的爱因斯坦》所做的初版封面画,这部作品标志着美国音乐戏剧历史的转折点

火箭、陀螺仪和钟表都要和爱因斯坦或者和他的发明相关。一切都将在广袤的戏剧和音乐视野中展开。

但是,《海滩上的爱因斯坦》将会在颠覆传统歌剧规则方面 *131* 走得更远。整个五小时长的音乐没有任何中断;听众可以随意在演出过程中进出剧院。这部戏没有任何正式的脚本,所有歌词只有数字和唱名(就是哆来咪)准确地贴合节拍或者音高。其他的台词,那些说白,取自诺尔斯、编舞路欣达·柴尔兹和演员塞缪尔·约翰逊含义不明的诗歌。这部戏没有使用正规交响乐团和专业歌剧演员,而是用了菲利普·格拉斯合奏团(两台电风琴、三位木管演奏员、一个女声和一个独奏小提琴,并加以扩声)来伴奏,一群未经训练的声乐演员在台上唱歌、跳舞和表演。

因为没有任何传统意义上的人物发展或传统的叙事性,《海滩上的爱因斯坦》通过绵延的音乐和不断反复出现的视觉意象来呈现。但那些意象代表着什么?显然,格拉斯和威尔逊希望创造一个关于爱因斯坦多面的和隐喻式的形象——音乐家、科学家和人道主义者,但具有讽刺意义的,他也是核毁灭的缔造者之一。这样一来,也许那列火车象征着前核时代;反复出现的审判场景就是科学自身的控诉书;床可能是爱因斯坦的梦或是他玄思的象征;宇宙飞船则代表了科学更为建设性的一面。当然,倒数第二个场景中警示了对科学的滥用可能会导致核毁灭的场景。

下页图:菲利普·格拉斯和罗伯特·威尔逊的里程碑作品《海滩上的爱因斯坦》中的火箭场景,该图摄于1984年布鲁克林音乐学院复排该剧的时候

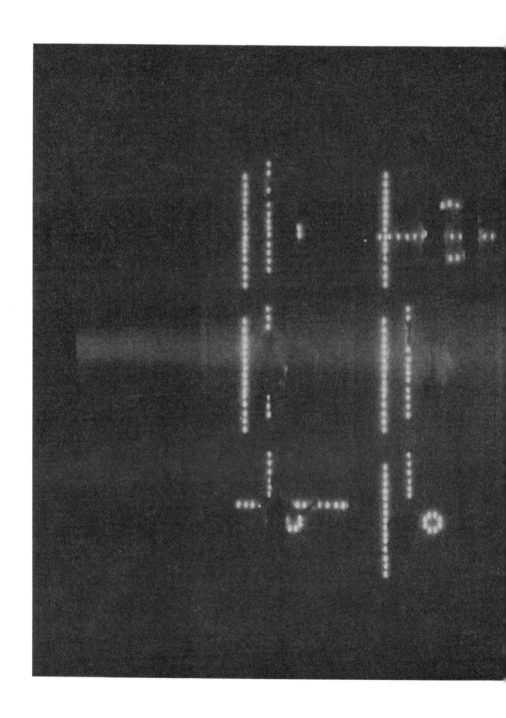

格拉斯和威尔逊花了将近二十年时间试图解释他们最重要的作品——或许试图解释他们的作品不需要解释。"我们从未试图通过《海滩上的爱因斯坦》来讲个什么故事，或是展现什么传统意义上的情节，"格拉斯于 1987 年写道，"我把《海滩上的爱因斯坦》看作一部肖像歌剧。这样，我们试图描绘的爱因斯坦的肖像就取代了原来情节、叙事、发展……所有这些传统戏剧的内容。而且，我们很清楚这张爱因斯坦的肖像是诗意的。"最终，格拉斯总结道："你觉得《海滩上的爱因斯坦》表达什么'意思'并不重要……在《海滩上的爱因斯坦》中，故事实际上取决于观众的想象，我们不可能预知你们的想象，即便我们想知道，故事也还是因人而异的。"

1984 年《海滩上的爱因斯坦》在美国复排时，威尔逊认为，缺乏叙事性意味着解放观者：

> 我们的戏是最容易的歌剧。你根本不必介意这部戏的故事，因为它不是讲故事的。你也不必费劲听歌词，因为实际上词也没有什么意义。我没有给你任何谜团去破解，只需要去聆听这些画面。来看戏就像逛博物馆，你欣赏画里苹果的颜色、裙摆的线条和光的韵律。仿佛你置身公园里，看到一幅有很多人来来去去的喧闹场景。看着云飘过去，看到流动的音乐，听到画面。

对页：菲利普·格拉斯和罗伯特·威尔逊在《海滩上的爱因斯坦》的排练间歇，1976 年

对那些去看过《海滩上的爱因斯坦》的人来说，意义的问题已经无关紧要了。萦绕在他们记忆中的是那美到令人心痛的布景，每每以极端缓慢的速度展开，每一幅都配以令人窒息的灯光运用。在一个审判场景里，原本一直以巨大、孤立形象出现的那张床，突然缓慢地、神奇地升起来。周边装饰着荧光灯管，一开始这张床看上去只是一块水平的板，将近二十多分钟之后，它旋转至垂直形态最终消失在舞台上方。

与这些缓慢展开的画面相辅相成的是格拉斯的音乐，相当一部分回溯到他早期的简约主义，但同时包含了广泛得多的情绪和技术上的变化。其中有我们已经很熟悉的快速八分音符线条，通过增减法扩张或收缩，但也有更宁静的、咒语式的段

纽约大都会歌剧院，1976 年 11 月，《海滩上的爱因斯坦》在此进行全美首演

落，比如合唱团仪式颂歌式地吟唱数字和唱名的时候。而且，通过和声运动来塑造和统一整个大结构的做法也很具有魅力。

　　1975 年 11 月，格拉斯完成了《海滩上的爱因斯坦》的音乐，接下去的几个月是严格的一周工作六天的排练。排练阶段，音乐仍在不断变化。格拉斯一开始只将唱名和数字用来帮助记忆，但最后干脆成了合唱队的歌词。同样，他决定把诗歌式的旁白留下，用朗诵形式呈现。"对我而言，最大的问题是过去我很少有填词的经验，"他写道，"学生时期，我写过一些歌曲或者合唱音乐，但那是十四年前了。最终我决定还是让这些词就当配乐朗诵吧。"

　　1976 年 8 月，《海滩上的爱因斯坦》在法国阿维农戏剧节全球首演，立刻招来无数膜拜。在欧洲巡回五座城市之后，1976 年 11 月该剧登陆纽约。《海滩上的爱因斯坦》并没有在一个先锋剧场上演，而是登上了空旷的大都会歌剧院的舞台——由于当时周日并无任何演出，完全可以接受租约。

137
　　《海滩上的爱因斯坦》在欧洲大受欢迎的消息早就传回纽约，因此，此前只在音乐厅里为美国观众演奏过的格拉斯，瞬间要面对满座的大都会歌剧院。下一周周日晚，该剧举行了第二场演出，同样满座。观众席间一些较为保守的人士中途愤然离场，将手中的票根丢给在门外排队渴望进去一睹风采的人群。

另一些则纯粹只是赶时髦的人，他们被格拉斯的名声吸引而并不真的关心这部歌剧。格拉斯回忆道：

> 那两个晚上的观众，有不少肯定是第一次进歌剧院。我记得第二场演出时，我站在后台，和大都会的一位高管一起观察到场的观众。他问我："这些人是谁？我从没见过他们。"我记得自己很坦率地回答说："你最好去研究一下，假如你们剧院还想再开二十五年的话，这些人可能会是你们的受众。"

格拉斯当时还不知道，根本用不着二十五年，他就又会吸引来这群观众。十六年后，他的歌剧《航行》（1992）将会在大都会的小剧场上演——只是这部作品将是大都会委约并首演的。格拉斯，这个昔日颓废的叛逆青年，现在却成了大机构的宠儿。

然而，与此同时，账单还是要付的。《海滩上的爱因斯坦》头一年的开销是九十万美元，其中九万美元还没有着落。而且，在大都会每场满座的演出都净亏一万美元，于是再没有周日晚场加演的安排了。"爱因斯坦债"很快尽人皆知，成了下城区艺术世界的一段传奇。威尔逊卖了自己的画，格拉斯卖掉自己的乐谱，其他艺术家也纷纷组织了捐款和义卖。其实，如果把这部作品录成唱片，可能还会增加一些收入，然而当时没有任何品牌愿意推出一套五张 LP 的歌剧（1978 年，番茄唱片出版了剪辑过的四碟版《海滩上的爱因斯坦》，一口气卖出两万份）。

格拉斯终于尝到了当名人的滋味，然而他的外部生活似乎并没有改变。"七十年代，我还是靠开出租挣钱，我记得有一次，是在大都会那事儿之后，有个穿着很好的女士坐进我的车。看到司机名牌之后，她靠向前来对我说：'年轻人，你知道你和那个很有名的作曲家同名么？'"

其实，更准确的说法是，格拉斯是个很有名的"歌剧"作曲家，因为《海滩上的爱因斯坦》前所未有地吊起了他创作音乐戏剧的胃口。这时，他已经把《海滩上的爱因斯坦》看作即将成型的"肖像歌剧"三联剧的第一部——这三部戏，每一部都将关注一位在人类发展的不同领域里的开拓性人物。爱因斯坦，显然

138

代表了科学界。《非暴力不合作》(1979)，他的下一部歌剧，将关注甘地，并探索政治的领域。《埃赫那顿》(1983)的标题主人公，一位埃及法老的故事，将探索宗教的领域。

尽管《海滩上的爱因斯坦》大获成功，但仍然没有任何美国的剧院敢于邀约格拉斯的第二部歌剧；事实上格拉斯接洽过大都会歌剧院和纽约市立歌剧院，两家都拒绝了他。看来只有荷兰人能伸出援手。就在阿姆斯特丹上演了《海滩上的爱因斯坦》之后，荷兰歌剧院的总监汉斯·德·鲁请格拉斯去会面。格拉斯回忆了他俩的谈话："'好吧，菲利普，那部作品很有趣。告诉我，你打算写一部真正的歌剧么？'他所说的'真正的歌剧'是什么意思？'就是让我的乐队演奏，用我的合唱团、独唱家，用一些真正受过传统歌剧训练的人员表演的作品。'"一开始格拉斯也怀疑激进的《海滩上的爱因斯坦》——没有叙事性、没有乐队也没有歌剧演员——称不上一部真正的歌剧。他补充道："其实在我看来，歌剧传统已经死了，在我工作的演绎世界里，完全没有复活的可能性。"

但很快，一个将他的音乐语汇放进更为传统的歌剧语境的想法说服了他。荷兰歌剧院计划首演这部新作的城市鹿特丹，出资两万美元委约这部作品，格拉斯迅速开始着手创作。这次，他对所选的主题毫不犹豫：甘地，三年前没让威尔逊产生兴趣的人物，却一直令他心心念念。格拉斯并没有打算写一部涵盖甘地史诗般一生的宏伟叙事作品，而是明智地集中在他的政治观念形成的一小段时间里。这就是甘地在南非逗留期间，1893—1914 年，他的非暴力抵抗哲学——他称为"非暴力不合作"(Satyagraha)或叫作"真力"成型的时期。

139

这部歌剧就叫这个名字。1978 年冬天，格拉斯带着他的脚本作家康斯坦斯·德·荣和他的舞台设计罗伯特·以色列一起前往印度。他们参观了甘地最后的修行地，在甘地和平基金会翻阅档案，还观赏了带有宗教色彩且奢华的多媒体戏剧《卡塔卡里》。1979 年初他们回到纽约时，对即将创作的作品已经胸有成竹。

甘地在南非的年月里，通过对英国殖民者采取的不合作态度，逐步团结起诸多被放逐的印度社团。这为舞台剧提供了太多的理想素材。格拉斯和德·荣将这些事情削减到六个紧凑的段落：甘地静修会的创立、托尔斯泰的农场；发誓抵制政府发放登记卡；白人暴民对甘地的攻击；《印度舆论》的创办；焚烧登记卡；历史性的纽卡斯尔非暴力大游行。

　　显然，这些彼此割裂的片段，如同《海滩上的爱因斯坦》一样不连贯（若不是一样难以理解的话）。怎么才能把这些东西组合在一起？最初，格拉斯和德·荣试图用戏剧上说的，把一天的时间跨度加以统一，从黎明到日落。然后，他们将这六个场景，划分成三个一小时长的幕——由一个无声的角色，一个拟人化的非暴力不合作（真力），高悬在舞台上方目睹全部事件的过程。第一幕的这个角色是列夫·托尔斯泰，第二幕是印度作家拉宾德拉纳特·泰戈尔，第三幕是马丁·路德·金。

　　在音乐创作开始之前，还有脚本的问题不能跳过。格拉斯仍然不希望得到一个直白的、叙事性的脚本，德·荣也丝毫没有这方面的意愿。于是，他们转向了伟大的印度史诗《薄伽梵歌》。德·荣并没有为人物寻找适合的台词，而是从史诗中抽取论及人类行为的哲学思考。事实上，史诗中一个著名的场景，阿周那和奎师那在战场上辩论政治抵抗道义的段落被整个拿来当作歌剧的前奏。如同许多巴洛克歌剧那样，从一个有关道德立论的寓言式场景开始一般。 *142*

　　这个脚本应该采用什么语言呢？《薄伽梵歌》完全是用梵语写就，相当于拉丁语一样已经不再是常用的语言，在西方听众看来显然是装腔作势和不知所云的。然而，这部戏的脚本纯粹是评论性的（完全不参与情节发展和人物变化），也没有太大必要让词本身浅显易懂。于是梵语得到保留，这种语言在演唱时显得如此高贵。"一开始，这个决定让我很担心，但渐渐的，我开始对此着迷，"格拉斯写道，"我喜欢将词和戏剧动作进一步分开的想法。这样，没有能听懂的文本干扰，听众自然而然会让它自在下去。于是，'意思'的重担落在音乐、舞美和情节设计上。"

　　拿着德·荣节选的《薄伽梵歌》的梵文片段，格拉斯开始着手作曲。显然，工作进行得非常顺利，1979 年 8 月，不仅所有音乐都已写好，而且还完成了配器（实际上，格拉斯直接写在总谱上，后来才编了一个钢琴缩谱）。鉴于《非暴力不合作》对音乐上的诸多特殊要求，他的天资由此显得格外出众。

菲利普·格拉斯的《非暴力不合作》,图为该剧由阿辛·弗雷叶于斯图加特复排时的第二幕第二场,表现了甘地创办《印度舆论》的情景

第一个问题是乐队——这次他不能再用菲利普·格拉斯合奏团,而要为一个真正的坐在乐池里的交响乐团创作。格拉斯上一次为这种规模的乐队写作,大概是十五年前,还在匹兹堡公立学校的时候。"我仔细地考虑《非暴力不合作》的乐队部分,我认为,解决这个难题的方法就是把正规乐队当作我的合奏团来写,"他写道,"按照我自己的合奏团来设计音响,到那时候,那种声音已经是我的标志。除此以外,我还能找到什么好的范本呢?"

于是,格拉斯为《非暴力不合作》写了一个非常规的五十一行乐队谱,弦乐和木管非常丰富(长笛、单簧管、双簧管和大管各三把),但没有什么铜管和打击乐(一台电风琴,纯粹是为了让他想起自己的合奏团的音色)。这样的组合造就了《非暴力不合作》的特殊音响——嘈杂、尖利,但不比他自己的合奏团,从不冷酷或刺耳。实际上,湿润而混杂的声音象征着甘地非暴力哲学的威严与平和。

143

第二个问题来自声乐写作。合唱部分倒不是问题所在,毕竟格拉斯青少年时期曾在唱诗班里参加过合唱。实际上,《非暴力不合作》中的四十人合唱是精华所在,全曲七段中他们占据了四段,给这部作品赋予了清唱剧的特色。

更大的问题在于独唱部分。采用的音域很窄,避免过分炫技的歌唱部分,独唱的音乐部分对演员的精力集中提出较高要求,不仅要算清楚自己究竟要重复多少次,还要特别记住很难念的梵文。格拉斯声称,对所有声乐独唱和重唱——包括二重唱到六重唱多种形式——都信手拈来。我们确实无法否认这些旋律中的高尚品格,如此嘹亮地盘旋在乐队与合唱的上方。

在《非暴力不合作》中,格拉斯声乐写作的一个问题逐渐浮现。尽管乐器部分迅捷的节奏展现出一种动力,声乐部分却慢吞吞地按照方方正正的吟诵方式呈现。用梵文唱还不要紧,一旦改用英文,如此呆板的韵律就会产生大得多的麻烦。

当然,用英文还要再过好多年。此时,格拉斯写下的《非暴力不合作》的乐谱却是他从未超越的高峰。全部七个场景都是以帕萨卡利亚的形式写的,这是一种巴洛克变奏曲风格,低音线条永远不变,而上方旋律不断变化。比如第一幕第一场,其基础就是一个由四个和弦构成的进行,反复了一百四十三次,每重复一次,上面就盖上一条新的旋律。更专一的是甘地最后的咏叹调,包含一个从 E 到 E 的上行音阶,重复三十次。而底下则是三个和弦进行的不断重复。但实际上并不那么简单,作品的结构展现出堪比亨利·珀塞尔的创造力,而且尽管说起来都是重复,但实际上都不似字面上那么简单。

1980 年 9 月,《非暴力不合作》在荷兰鹿特丹首演,1981 年夏天来到美国。大多数评论家都意识到这是一部出众的歌剧,格拉斯在其中展现了比《海滩上的爱因斯坦》时期更多的原创性。凭借其精致、克制的音量,其清楚、绵长的声乐写作以及精美的形式主义结构,使这部作品投射出一种与其主人公相匹配的高尚道德坐标。不少评论家甚至指出《非暴力不合作》堪称新时代瓦格纳《帕西法尔》的对应作品,是一部道德感化剧而不仅仅是一部歌剧。

《非暴力不合作》完全没有叙事性,但它描绘的历史事件很 *144* 容易理解;这部作品也无意塑造人物;除了它所表现的事件以外,基本没有冲突或戏剧性。取而代之的,该剧由一系列内省的、冥想式的画卷构成,每一个都是用来深思非暴力这个主题。等到舞台上从黎明的光辉转变成暮色星空时,《非暴力不合作》的极端抒情主义和明快的织体已经感化了多数持怀疑态度的听众。菲利普·格拉斯果然能写一部传统意义上的歌剧。

鉴于《非暴力不合作》是一部完完全全为歌剧院创作,而不是为实验音乐剧场写作的作品,格拉斯的成就显得尤为突出。《非暴力不合作》表明,美国歌剧完全有焕发青春的可能,只需要选取一个当代的主题,给它穿上传统的声乐和器乐外袍。没有《非暴力不合作》,很难想象安东尼·戴维斯会写出《X:马尔科姆·X 的生平与时代》(1986),或者约翰·亚当斯会写出《尼克松在中国》(1987)。

但拥抱传统是要付出代价的。《海滩上的爱因斯坦》代表了对新时代歌剧价值的思考。而从《非暴力不合作》开始,格拉斯开始了漫长渐进的、向传统回归的路程。此后,他再也不会创作如他在二十世纪六七十年代所写的那种激进大胆的音乐了。实际上,简约主义这个词再也不能准确描述他写作的音乐了。八十年代以后，格拉斯逐渐返回他曾一度摒弃的和声与旋律语汇，到这个十年的末了，他那一度十分纯粹的简约主义几乎具有了新浪漫主义的表现力。这种语汇上的拓宽是否令他的作品篇幅有所增长还有待商榷。但无疑，《非暴力不合作》之后，格拉斯开始向主流进军。

格拉斯的那些铁杆乐迷，那些热衷于他的摇滚风格简约主义音乐的人，也许会被《非暴力不合作》的精致赶跑。但他也的确为自己赢得了新的听众，一个十九世纪以后作曲家们从未想过的广泛受众群。《乡村之音》的评论家格列高利·桑多夫，评论了 1981 年在布鲁克林音乐学院上演的《非暴力不合作》，修辞性地提了一个有关格拉斯新受众的问题："当一部艺术上和道德上都具有很高视角的，如此现代又如此严肃的作品，能卖光所有的座位甚至还得到听众的起立欢呼，引来这么多从没关注过古典音乐的听众，音乐界是不是该问一下，这是怎么回事？"

实际上还真是这样。这一次，格拉斯三部曲的最后一部《埃赫那顿》很快得到了委约。1981 年斯图加特国立歌剧院（艺

145 菲利普·格拉斯研读《埃赫那顿》的总谱，该剧是三部曲的最后一部，这个三部曲或许是瓦格纳《指环》之后最重要的联本歌剧

术总监是美国人丹尼斯·拉塞尔·戴维斯）上演了由亚辛·福莱尔指导的新版本《非暴力不合作》，不久就发来对《埃赫那顿》的邀约。这个想法是推出一套三部，都由福莱尔做一个新的版本，成为一套格拉斯的《指环》（1990 年 6 月，这一计划付诸实施，全部歌剧演了两套，每一套都是连演三个晚上，场场爆满）。

格拉斯明白，作为三联剧，必须找到一个堪比甘地和爱因斯坦的历史人物作为第三部的主角，这让他走向了意料之外的领域。他把一位古埃及法老，生活在公元前 1385—前 1357 年的埃赫那顿作为自己的对象。这个法老在位仅十七年，被一次混杂了军事和宗教目的的政变推翻。在位期间，埃赫那顿废弃了埃及的万神殿崇拜，代之以一种全新的宗教，独尊阿顿神的一神教。阿顿神，通常与太阳联系在一起，具有抽象神格，崇拜他的埃赫那顿就成了世界上第一位一神教徒。然而，古埃及人、祭司和军方反对这种主张，很快推翻了埃赫那顿的统治并恢复了旧的秩序。

埃赫那顿长期以来一直令哲学家和历史学家着迷。人们好奇，他的观念是否启发了古代希伯来人的一神教观念。对格拉斯而言，埃赫那顿提供了一个令人满意的对三联剧的补充。"首先，和爱因斯坦以及甘地一样，埃赫那顿永远地改变了他降生的世界，"格拉斯写道，"但我更在意的是埃赫那顿凭借他的思想改变他的（也是我们的）世界而不是凭借力量。"就这样，格拉斯用埃赫那顿完成了他的科学之人、政治之人和宗教之人的三联剧。

创作初期，格拉斯去了埃及，如同他去印度寻找《非暴力不合作》的灵感一般。他参观了开罗博物馆（有整整一个展厅关于埃赫那顿的展品）、卢克索（古代埃及的首都）、泰尔·埃-阿玛纳（埃赫那顿城的遗址）、位于荒漠中央的阿肯塔顿城。他明白，不可能完整复述埃赫那顿一生的经历，但有数不清的引人入胜的故事片段残存下来——比如他和纳芙蒂蒂的婚姻；有关他的神学声明；以雕塑形式所展现的他令人震惊的外表。格拉斯发现，埃赫那顿时期的艺术将他表现为一个"长相奇特的人"，"大腿肿胀、臀部肥大、胸部下垂，乍一看难辨雌雄"。这些有关埃赫那顿生平的方方面面足以构建起格拉斯式的剧本，

147

上页：法老埃赫那顿（克里斯托弗·罗布森饰演）和皇后纳芙蒂蒂（萨丽·伯奇思饰演）在 1985 年英国民族剧院制作的《埃赫那顿》中

菲利普·格拉斯的歌剧《埃赫那顿》中的场景,这部歌剧讲述了一位埃及法老的兴衰,他也是历史上第一位一神教推行者

一个由互不相关的象征性片段组合而成的本子。"对我来说,我们有的已经够多了,而中间缺失的部分根本不必充实进去,反而能为我们的主题增添神秘色彩和美感。"他写道。

　　在纽约大学新东方史学教授沙隆·戈德曼的帮助下,格拉斯编辑了与埃赫那顿短暂统治相关的文本。最终,脚本的创作遵循了从《薄伽梵歌》中摘取内容的先例。《埃赫那顿》的大多数唱词都选自法老那个时代的文本,无论是古埃及语、阿卡德语还是希伯来语都尽可能用原文演唱。考虑到格拉斯刚创作了一部梵文歌剧,用这种古老的异国语言并不让人意外。但格拉斯向他的受众们作了让步,为这个剧本提供了一个叙述者,其作用是讲述整个台词的意思,有音乐伴奏,使用听众们所能听懂的语言。

　　《埃赫那顿》和《非暴力不合作》一样,分为三幕。第一幕,气势恢弘,展现了埃赫那顿的父亲——阿蒙霍特普三世的葬礼和埃赫那顿的加冕。第二幕关注埃赫那顿新宗教观的建立,结束于他的信经(也是唯一一份存世的他亲笔签署的文稿)——《太阳颂》。第三幕则描绘他皇位的动摇,并最终被推翻。歌剧结束于全剧最大的失算——一个极不协调而又无意为之的喜

148

剧结尾，表现了现代埃及一群无聊而穿着入时的游客游荡在阿肯塔顿的遗迹中。

音乐上，《埃赫那顿》比《非暴力不合作》更加远离格拉斯最初的简约主义道路。乐队用得就很不一般，有木管、铜管，甚至还有大量打击乐器，却没有了小提琴；缺少高音弦乐器，营造了适合这位悲剧主人公的忧郁而不祥的氛围。整部作品里，乐队用得更加色彩丰富，也有比《非暴力不合作》更多的独奏段落。例如，一把独奏小号就和埃赫那顿的形象联系在一起，只要这位法老在台上，这支小号就会出现。格拉斯乐队中那种异国色彩和极端暴力的音响在第一幕就得到展现，阿蒙霍特普的葬礼引出了很多凶暴的仪式音乐。

最出众的还是埃赫那顿这个角色。格拉斯试图找到一种方法从音乐上描绘这个外貌奇特，甚至有点外星生命造型的人物，到了最后，他决定将他写成一个假声男高音角色。"看到一个正常成年男性的嘴里发出很高又很美的声音，一开始会很有冲击力，"他写道，"就这样，埃赫那顿一举与周围所有人区别开来。"

这一招在《太阳颂》的段落里无比有效，这是埃赫那顿信仰的表白，也是整部歌剧的最高潮。明亮的假声男高音和独奏小号缠绕在一起，高高漂浮在乐队之上，正如甘地的声音在器乐合奏上闪光一般。就在埃赫那顿结束了自己的赞歌之后，台下一支合唱队悄悄唱起希伯来语的《诗篇104》——这个戏剧性的动作不仅很有效也展现了其历史价值，《圣经》中的《诗篇》也正是从埃赫那顿的颂歌得到了启迪。

《埃赫那顿》标志着格拉斯远离简约主义回归主流的又一步。乐队那暗流涌动的伴奏和声乐高亢的抒情主义，有了新浪漫主义的表达——上方的浪漫主义尴尬地与下方搅动的简约主义琶音不断摩擦。进而，这种阴暗的情感主义会贯穿在格拉斯八十年代的其他作品中，而又十分适合他越来越多地写作歌剧和交响乐作品。

1984年《埃赫那顿》在斯图加特诞生之际，如同太阳神阿顿一样光辉灿烂，但它的第二次演出——由休斯敦大剧院、纽约城市歌剧院和英国国家歌剧院联合制作的版本——险些将《埃赫那顿》永远埋葬。年轻的澳大利亚导演大卫·弗里曼，把法

老套进了一副雌雄同体的服装,又丑陋又可笑;他还试图通过 *150*
让舞台上不停出现造砖和打谷的动作来表现永恒的埃及文化。
批评家蒂姆·佩奇写道,这一版《埃赫那顿》:"简直就是周六晚
间秀(SNL)拍摄了一集《锥子头去埃及》——而且别具匠心地
在舞台上摆了真的水塘(为了提醒大家这些水塘是真的,他们
时不时把水溅得到处都是),舞台的角落里还摆了一堆稻草,有
个人每隔一阵子就来把它们抛向空中。"直到 1987 年,CBS 出
版了《埃赫那顿》的录音,这才算为这部戏昭雪。即便如此,这
部作品直到今天仍然笼罩在《非暴力不合作》的阴影之下。

　　写完了三部曲,菲利普·格拉斯也已成为知名的,且最受
追捧的在世作曲家。对他这个新地位的正式确认在 1982 年,
格拉斯成了历史上第三位(此前只有伊戈尔·斯特拉文斯基和
阿伦·科普兰)与 CBS 大师作品签订独家协议的作曲家。格拉
斯的计划是让 CBS 发行较小也较容易销售的小品,以此换取必
须录制较大的多碟装的歌剧项目。他在唱片上的首次亮相是
一套较为轻型的器乐作品集《玻璃器皿》①,为了向大众介绍他

埃德沃德·梅布里
奇于维多利亚时期
拍摄的运动影像给
了格拉斯灵感,创
作了音乐戏剧作品
《照相师》(1982)

---

① 这张专辑的标题是个双关语,即用玻璃器皿形容作品本身晶莹闪烁的特点,同时字面又具有"格
　拉斯作品集"的含义。——译注

的作品专门订制。《玻璃器皿》大获成功,到 1986 年,已经发行了十七万五千张,CBS 便同意投资录制《非暴力不合作》和《埃赫那顿》(虽然格拉斯和 CBS 的关系一开始非常融洽,但当 CBS 被索尼收购后情况就不再美好,新东家对签约作曲家们都十分冷淡。1993 年,格拉斯签约 Nonesuch,造就了一个十分特殊的情况,四大简约主义作曲家——格拉斯、赖什、约翰·亚当斯和路易斯·安德里森全都签约这家公司)。

　　1984 年,《埃赫那顿》首演那段时间里,格拉斯在不同媒介上迅速地创作新作品。只要看一看他在八十年代早期案头一堆积的项目。他的音乐戏剧作品《照相师》(1982),受到维多利亚时代移动影像先驱埃德沃德·梅布里奇的启发,是一部戏剧、幻灯片和舞蹈混杂的古怪作品;罗伯特·威尔逊十二小时长的全球史诗作品《内战 S》(1983)中的罗马部分;《桧树》(1984),取材于格林童话里的一个恐怖故事,与罗伯特·莫兰合写。他的舞蹈音乐作品包括《舞蹈》(1979),由作曲家格拉斯、编舞家路欣达·柴尔兹和简约主义艺术家索尔·勒维三方合作;《漩涡沉浮记》(1985)取材爱伦坡的小说,由莫里沙·芬利编舞;《楼上的房间》(1986)为特怀尔·撒普创作。他还首次闯进电影领域,为戈德弗雷·雷吉奥的生物诗篇《失衡生活》(1981)和保罗·施雷德的《三岛由纪夫》(1984)谱写配乐。但还是长度仅有三分多钟的《奥林匹亚》为他赢得了更多的听众:这段音乐由奥组委委约,在 1984 年洛杉矶夏季奥运会上作为开场乐和退场乐使用。

　　所有这些作品里,《失衡生活》可能是最好的,因为这使他对非叙事性戏剧的偏好可以转移到电影的背景下。导演戈德弗雷·雷吉奥曾是一位牧师,后来成了社会工作者和街头活动家。《失衡生活》片名取自赫必印第安人的语言,字面意思大致是"失去平衡的生命"。这部电影没有脚本没有台词,用平实、波澜不惊的画面展现繁忙的城市生活与对自然的无情掠夺——完全用画面来说话。听上去是部简单的片子,但效果出奇地惊人,格拉斯的配乐功不可没。雷吉奥给了格拉斯极大的权力塑造影片的成片,甚至还剪掉了一些画面来配合他的音乐。乐曲为男低音(反复咏唱片名)、合唱和乐队写作,阴暗、低沉甚至在抒情方面毫不掩饰其浪漫主义的特点,同时抓住自然的平和与科技横行肆虐的形象。格拉斯和雷吉奥的另两次合作就不那么成功了:《变形生活》(1987)是一部对照第三世界农业社会和非人性化的西方城市生活的影片,格拉斯配写的音乐用了各种各样的异国乐器;《世界之灵》(1991)则是关于生物多样性的短片。

到了八十年代中期,格拉斯的私人生活也开始稳定下来,这很可能因为他生活中的新乐趣增添了他写作的动力。他与乔安娜·阿卡莱蒂斯的婚姻有两个孩子,朱丽叶和撒迦利,但这段姻缘于七十年代瓦解。1980 年,格拉斯娶了一位医生柳芭·波秋克,但也并不长久。直到 1982 年,他认识了艺术家坎迪·杰尼根,才算是找到了理想的恋人,但他们决定暂时同居而非结婚。1984 年,格拉斯买下了曼哈顿东区一座十九世纪的房子,于是他和朱丽叶、撒迦利还有杰尼根搬进去建立了一个家庭(他们的欢乐其实并不长久:1991 年三十九岁的杰尼根因癌症去世,那时她和格拉斯结婚不过几个月)。

即便在今天,东区仍是新潮但破旧的,一个受到艺术家、知识分子和波希米亚人士喜爱的廉价城区。但这也可能是一片不安定的、动荡的社区。格拉斯的房子就位于相对混乱的一个角落,紧邻政府开办的收容所和地狱天使总部①。但他那小小的后院还是将第二大道的喧嚣隔绝在外,在家里接受采访的格拉斯总是能处于最放松的状态。他为人和善、随便而且很真诚,总是热心接待来访者,并让对方很快放松下来。和赖什一样,他说话速度很快,喜欢使用很冗长但又很容易明白的句子。完全看不出这么个普普通通的人,是一位遵循着严格的作息, *155* 将作曲看作一门科学的艺术家。

格拉斯不同他的合奏团巡演时,他轮流住在纽约的家中和新斯科舍省②布列顿岛的住宅,每天的工作有条不紊。"我的最佳工作状态通常出现在早上,所以起床后我就开始工作直到中午,然后下午的时间用来处理一些生意上的事情。"格拉斯的

---

① 一个飞车党组织的俱乐部。——译注
② 位于加拿大境内。——译注

戈德弗雷·雷吉奥的影片《失衡生活》(1981)中一个城市生活的超动态画面。菲利普·格拉斯为这部影片谱写了出众的音乐

写作速度快到几乎超越自己的极限,他那过度的创作冲动或许可以解释,为什么在一些次要作品中,他不去创作全新的音型而是循环利用过去用过的一些音型。"有时候,我必须写得飞快,"1988 年他承认,"有一次一星期里要创作并且录制一首四十五分钟的音乐,录音室伙计们的工作时间在我三小时之后。我写完一个乐章,他们就立刻学习、演奏和录音。我是能写得很快,可谁愿意这么赶呢?"

但令格拉斯大享商业成功的作品并不是快速创作的结果。《动荡岁月的歌》于 1985 年 2 月开始创作,到 12 月才完成,远比格拉斯接受这一项目时预计的要长久。因为这不是他的主意。由格拉斯来创作一组流行歌曲的计划是 CBS 提出的,部分收入将用来抵扣《非暴力不合作》的录制成本。而反过来,聪明的格拉斯知道,流行歌曲的成功很大程度上取决于词作者,因此他找来保罗·西蒙、苏珊妮·维嘉、劳里·安德森和大卫·布莱恩那合作。歌曲写完后,他花了好几个月的时间为每首分曲找合适的歌手,最终找到了琳达·罗恩施塔特、罗切斯演唱组、詹妮丝·彭达维斯(斯汀的合作者)、伯纳德·福勒(赫比·汉考克乐队成员)以及曾为他扮演甘地的道格拉斯·佩里。这么个五花八门的组合是拜歌词所赐,这些歌词很多都是装腔作势、附庸风雅,也许是因为要同这么一个大知识分子作曲家合作,把这些词作者吓坏了。

不过,我们不应该指责格拉斯向 CBS 的商业意图屈服。"不少人都盼着看我写出一首热门歌曲,"他说,"但其实不是这么回事……像我这么一个一直在剧院里工作的人,不太可能一下就写出打榜歌曲。对这张专辑的普遍反映是'妈呀,怎么是这样'?"这六首歌,每首差不多十分钟长,都超过电台播放歌曲的长度限制,伴奏也不是电吉他和爵士鼓,而用了扩大规模的格拉斯合奏团以及克洛诺斯四重奏。其结果自然是更接近于一部古典意义上的声乐套曲,而非流行歌曲专辑。

创作《动荡岁月的歌》时,格拉斯心底的小算盘是为自己写英语歌曲积累经验。多年来,他一直和一些神秘语种打交道,接下来他要踏上为英语写作歌剧的道路。他的第一部全篇幅英语歌剧是《第八号行星代表的产生》(1986,下文简称《第八号行星》)。而为他提供了精彩脚本的正是小说作者多丽丝·莱辛(《第八号行星代表的产生》是她的科幻小说系列《南船座的老人星》中的一部)。花了一整年时间精简脚本,六易其稿,从两幕调整到三幕后,格拉斯知道,要他配曲的英文实在是不少。

和他的前几部音乐戏剧作品一样,《第八号行星》也不是叙事性戏剧作品,而是一部思想观念的歌剧。"剧情很简单,"格拉斯说,"就是一个行星即将进入冰冻期,莱辛称之为'星际大灾难'。就是说行星上的居民面临灭族的灾难,这颗星星即将失去太阳的温暖……人们因此面临死亡,全种族的灭亡。但又有很多种不同的死法。"但最终,有一些公民将被选为代表送进浮动舱躲避行星的灭亡,成为荣格式的智识代表。

显然《第八号行星》与其说是外星生命故事,不如说是地球世界的寓言。但故事本身看起来并不适合歌剧形式。稳定而反戏剧性,自身没有太多的内部情节,却有很多深沉的哲学思考。格拉斯为英语配写的音乐生硬而笨拙,它的呆板韵律使脚本显得越发繁冗。也许,格拉斯把大块大块的脚本配成乐队伴奏的说白显示了他的某种绝望。

1988 年 7 月,《第八号行星》最终首演时,没有得到好评。但这时,评论已经对格拉斯稳步前进的生涯不起作用了。1988 年 5 月,格拉斯根据爱伦·坡的短篇小说创作的独幕室内歌剧《厄舍尔大厦的倾颓》首演;1988 年 7 月,格拉斯的独幕音乐戏剧《屋顶上的 1000 架飞机》(下文简称《1000 架飞机》)在维也纳施韦夏特国际机场三号机库首演,这部由一个独白演员和一支小乐队表演的作品,是格拉斯的导演处女秀,他要求舞台设计杰罗姆·瑟林(此人最著名的制作是麦当娜 1987 年的"那女孩是谁"巡演)将一个机库改造成令人不安的、充满幻觉的城市,瑟林根据这部作品的科幻性质,采用了全息投影技术来制造布景。

或许仍未摆脱《第八号行星》的阴影,格拉斯依然宣称为英语谱曲是一项困难的工作。而《1000 架飞机》与其说是解决了这个难题,不如说是避开了它。"我尝试找到一种方法,让英语成为可用的音乐戏剧语言。"他说,似乎暗示着过去也没有作曲家能成功为英语谱曲。"《厄舍尔大厦的倾颓》一剧用唱,《1000

架飞机》用说白。但我仍然没找到满意的解决办法。"

1988 年 3 月，纽约大都会歌剧院——一家极端保守的机构，在过去二十六个演出季中只推出过两部新创作歌剧——宣布将为纪念哥伦布发现新大陆五百周年，委约格拉斯创作一部新作品。大都会的这一决定印证了格拉斯 1987 年《菲利普·格拉斯写音乐》一书末尾充满信心的预言。"我确信保守的歌剧世界最终会被拽进——哪怕一边尖叫一边被拽进——二十世纪，"他写道，"当然，那时可能已经是二十一世纪了。"看来，并不需要等到那么晚。

首演被确定在五百周年纪念日当天（1992 年 10 月 12 日，美国把这一天定为哥伦布日），《航行》标志着格拉斯在 1976 年上演《海滩上的爱因斯坦》后首次重返大都会。然而当初，他还需要从后门进出，因为那是租场演出。如今，大都会向他敞开大门，付给他三十二万五千美元来制作《航行》，据称是为新歌剧所支付的最高昂价格。即便是威尔第创作《阿依达》时，拿到的酬金（折算成 1992 年的美元）大概是二十二万五千，也只能屈居第二。

和往常一样，格拉斯身上的工作太多，不得不先完成其他的委约才转向创作《航行》。这些委约里包括为埃罗尔·莫里

垮掉一代的代表，诗人艾伦·金斯堡，摄于 1966 年，此前十年他已经写出影响极大的诗作《嚎》

斯的电影《细蓝线》(1988)配乐，电影讲述一个男人被错误指控 *158*
谋杀一名达拉斯警员的真实故事。还有两部生动的标题管弦
乐《大峡谷》(1988)和《伊泰普》(1989)，后一部是长达四十分钟
的"为合唱团与管弦乐团而作的交响素描"，描绘位于巴西和巴
拉圭边界的宏伟大坝。最重要的，是他与垮掉派诗人艾伦·金
斯堡的合作——《氢点唱机》，标题取自金斯堡的《嚎》："听，那
氢点唱机传来的末日的滴答。"

　　金斯堡和格拉斯，都是藏传佛教徒，都为印度文化着迷，都
是对里根年代的"不作为保守主义"甚为不满的自由派，真是天
生的一对。"就在1988年总统大选之后，布什和杜卡基斯都不
谈眼下的形势，"格拉斯回忆道，"我记得我对艾伦说：'既然这
些家伙不说，那我们说吧。'"最终，格拉斯和金斯堡用十八首金
斯堡的诗拼成了一个本子。"这些诗组成了，至少是在我们看
来，一幅美国的肖像。涵盖了二十世纪五十、六十、七十和八十
年代。其中有很多是艾伦对社会事务的反应：反战、性解放、毒 *159*
品、东方哲学、环境问题，等等。"刚刚完成《1000架飞机》的杰罗
姆·瑟林，为演出提供了一组幻灯和影像背景。

　　或许，由于金斯堡长久以来对激情演讲的偏好，令格拉斯
再次回到用乐器伴奏朗诵的方式上。《氢点唱机》(1990)中确
实有一些唱的段落(他用到了一个由六人组成的小组，依次
以独唱到六重唱的方式演唱)，但最重要的段落全都留给了
金斯堡那著名的激情澎湃的演说。这些方法似乎都不是太
好的解决办法。格拉斯为金斯堡的诗歌谱写音乐时，呆板的
节奏似乎并没有推动狂想的词句，反倒是拖了后腿。而当他
为金斯堡的演讲伴奏时，音乐退居次席，成为单纯的诗歌背
景声。

　　《氢点唱机》完成了，格拉斯转而开始对《航行》的创作。他
的脚本作家是大卫·亨利·黄(哲伦)，两人在《1000架飞机》这
部作品中有过合作，后者还是百老汇名剧《蝴蝶君》的作者。
《航行》的脚本仅有大约十五页，比起《第八号行星》厚厚八十多
页的本子精简很多，而音乐也差不多达到三小时。回忆起《第
八号行星》，格拉斯苦笑着说：

我可是学到不少关于脚本的东西。

我现在觉得，谈到脚本我才是真的"简约主义者"。歌剧的妙处就在于，我们不仅通过词语来表达内容。视觉的材料、音乐的编配、舞台戏剧，所有这些都是故事的组成要素。在大都会这种巨型场馆，如果拘泥于词句就会铸成大错。我要写一个在更大层面上诉说的故事，一个情感上强有力的作品。

格拉斯并不想重述哥伦布的历险。相反，他把哥伦布看作一个更大的主题——人类内心具有不可抗拒的探索欲——的象征。"我可不想写历史人物哥伦布，"格拉斯说，"我觉得如果你想了解哥伦布，大可以走进图书馆查资料。总的说来，歌剧院可不是个探求史实的好地方。我们应该把歌剧打造成一个工坊，用寓言、虚构故事和诗歌来探索人性。"

序幕中，一位科学家思考着人类无穷无尽的求知欲，接着《航行》将观众带回冰河世纪，而一架满载探险者的飞船坠落世间——将土著们写意地带入进化的更高阶段。第二幕展现了满心疑惑的哥伦布和一个虚幻的伊莎贝拉交谈。第三幕又跳跃到2092年，地球人此时已经掌握了冰河世纪外星来访者的确切证据，准备启程去外太空找寻知识之源。直到尾声，哥伦布才重新出现，弥留之际躺在床上思考探索的意义。最后，他的病床缓缓升起遁入星空。

无疑，格拉斯把《航行》与大都会无与伦比的资源结合在了一起——一支庞大的乐队、八十人合唱团、出众的技术团队以及宽敞的三千八百座剧场。"这里面有些小技巧，"他带着一种经验丰富的歌剧作曲家才有的狡黠说，"在第一幕结尾，一定要在音乐上和戏剧上用足所有资源。这样就可以消除大家对这部歌剧规模的疑惑。"

除了庞大的规模，《航行》还在其他方面探索了对格拉斯而言的未知领域。序幕一开始，这部歌剧就展现了一种暗淡的、忧郁的基调，部分由于它所采用的半音化（不协和）的和声语汇。无词女声合唱在很高的音域翱翔，低音弦乐则在用快速的音阶发出隆隆响声，造成一种仿佛西贝柳斯式的宽广与朴素。

160

尽管格拉斯的原始素材里仍有那种短小的旋律型，不断在重复中扩大和缩减，但这种重复音型已经退到背景中，让位给新近形成的抒情乐句。

《航行》也不像《非暴力不合作》，是一部有高潮点的歌剧。尽管《航行》的戏剧动作更多是心理上的而不是身体上的，但无疑这个剧本具有明显线性的、叙事性的特点，三幕都经过精心设计，每一幕都有一个辉煌的高潮点：第一幕中，外星飞船长官与冰河世纪土著的接触；第二幕中，哥伦布遥望到陆地；第三幕中，世界政要向即将启航的飞船挥手告别。

但《航行》最令人意想不到的是其具备的感染力。比如哥伦布和伊莎贝拉，两者互动所体现的感官激情是格拉斯以往作品中没有的。就连黄哲伦也发现了其中的变化。"我觉得《航行》里有一种情感，倒不是说格拉斯的作品里缺乏这种情感——《非暴力不合作》里就有很充沛的情感，但我觉得，这时他的技术精进了，能够更准确地把握这种线性文本的意图。"黄说："换言之，它们变得更有动力，有一种势头，仿佛是在朝着某个特定的点前进，同样，你也预期会有另一种风格的文本与之配合，一同达成某种升华。"

无论为英语还是梵文谱曲，格拉斯总是喜欢平淡、朴素的声乐，避免任何一丁点的炫技。"不会有任何传统意义上的炫技唱段，"他说，"我根本不打算这么写。我认为，那会让人从更重要的东西上分散注意力。歌剧是关于声音和歌唱的，但技术上的炫耀显然不是最有趣的东西。"

因此，声乐线并不总是关注焦点也就不足为奇了。《航行》如同瓦格纳的多数作品一样，绵延的乐队织体占据首要地位；声乐部分与在它们周围展开的复杂内容相比，有时显得不那么重要。"声乐的语汇是从周边的音乐中生长出来的。"格拉斯说，接着他讲出了惊人的内幕："很多情况下，我是先写乐队部分的。然后我能找到与之呼应的声乐，那种与所处环境相呼应的声乐。"

当格拉斯写作无词的哼唱时——好比第一幕结尾，太空船长的独唱部分，他的声乐线真的在翱翔。但当他被英语束缚时，他对音律的理解看起来仍是方正的和平常的。毕竟直到

《第八号行星》，格拉斯才开始为全文本的英语写作音乐，他也承认自己依然在寻找属于他的方法。"英语是一种很难把握的语言，我不认为自己一开始就做对了。但我觉得我在进步。我很希望能谱写出接近口语的音乐。"

等到《航行》在万众瞩目中首演时，除了坐在满座的大都会剧院里的观众以外，全世界的听众都能通过无线电聆听这部作品。两百万美元的制作堪称洋洋大观，尽管不少地方无意间成了对罗伯特·威尔逊那高深莫测的视觉效果的幼稚模仿。但《航行》肯定是继《埃赫那顿》之后，格拉斯最重要的歌剧作品。而它显示格拉斯在已有的基础上仍有提升空间——如果他有充足的时间专注于某一个项目的话。

完成《航行》之后多年，探索的主题一直萦绕在格拉斯的头脑里。甚至在《航行》首演前，格拉斯就已经着手创作第十部歌剧《白乌鸦》，又一次与《海滩上的爱因斯坦》的合作者罗伯特·威尔逊搭档。由葡萄牙政府委约，用葡萄牙语（格拉斯自己会说葡萄牙语）演唱的五幕歌剧《白乌鸦》又一次涉及探索主题，

162　美女（乔赛特·戴伊饰演）和野兽（让·马莱饰演）在让·科克托的电影《美女与野兽》（1946）中，菲利普·格拉斯将这部影片改编成歌剧（1993）

让·科克托,电影人、作家、艺术家以及自认被误解的天才,摄于 1956 年

当然是用威尔逊式的,费解的方式。这一次的主人公是十五世纪葡萄牙探险家,实现了绕非洲航行、开辟了通往印度航线的瓦斯科·达·伽马。但是,从没写过传统线性叙事剧作的威尔逊,引进了几个角色,包括宇宙小姐、铁皮人、一条龙和朱迪·加兰[1]。"这更像是一系列视听效果的魔幻场景,通往世界各地的旅行。"格拉斯面带困惑的笑容说道。

格拉斯的下一个项目可能是为了进行一次更深入的自我 *163* 探索之旅——他开始了一套根据让·科克托的电影改编的音乐剧场三联剧。格拉斯拿来科克托最杰出的影片《奥菲欧》(1949)、《美女与野兽》(1946)和《魔童》(1950)的原始剧本——分别谱写成室内歌剧、影片配乐和芭蕾。为什么格拉斯会转向科克托? 或许他对这个伟大的法国艺术家产生了某种认同——因跨媒介的成功和巨大影响力而招来嫉恨,一个自认被误解的天才。

格拉斯称:"(自己的三联剧是)对科克托的致敬,我认为他是二十世纪重要的艺术家之一。在他那个年代,人们认为他过于轻佻,他写诗、写剧本还写小说,画画,也导演电影。人们错

---

[1] 美国歌手,电影《绿野仙踪》的主演,威尔逊显然是把探险故事和《绿野仙踪》做了对比。——译注

误地把他看作外行。今天，法国人对他又爱又恨。但别忘了，1954 年我第一次去巴黎时，就有人说他已经过时了。电影《奥菲欧》是一部自传式的影片，讲述了一个长江后浪推前浪的故事。但他最后被谁杀了呢？是他的诗人同僚。当诗人宣称他被大众认可的时候，评论家指出：'你仅仅被大众认可。'多么精彩的句子啊。"我们免不了要做一个对比，毕竟格拉斯自己就是既被作曲家又被批评家诋毁，但为大众所喜爱。

　　科克托的电影剧本《奥菲欧》几乎一字未改地得以保留到格拉斯的歌剧里。这是一部只为十二个演奏员和四名独唱演员写作的小规模作品。《非暴力不合作》以后，格拉斯从未写过如此精致的作品，我们不禁要想，这一题材在个人经历和职业经历上都激发了他的创作热情。格拉斯当然认同科克托，但他显然也认同奥菲欧，这个试图从地狱里骗走自己已死去的新娘的音乐家。格拉斯的妻子，坎迪·杰尼根，就在他创作《奥菲欧》前一年去世。我们也不得不认为，奥菲欧对爱妻的哀悼也体现了作曲家自己的哀伤。无论如何，《奥菲欧》（1992）具有透明的织体、微妙的音色和（最重要的）新形成的自由的声乐写作。格拉斯的构思中有一种质朴的高贵和保守，仿佛他不仅从科克托那边得到启发，也学习了格鲁克的《奥菲欧与尤里迪西》（1762）。

　　三联剧的下一部，《美女与野兽》（1993），就不那么细腻但更技术化。这次，格拉斯引用了科克托的经典影片，去掉原来的对白和奥里奇原先的配乐，配上自己新写的音乐。格拉斯的版本中，歌唱演员和演奏员站在舞台上播放科克托影片的投影幕布前，配合画面上人物的口型演唱。尽管这种现场音乐结合播放电影的形式带来很多同步上的问题（有时候会造成很可笑的效果），但它展现了未来跨艺术结合的可能性。"过去曾有过带现场演奏音乐的默片，但就我所知，还没人为电影配上过一整部歌剧。"格拉斯说。

　　《美女与野兽》算是格拉斯的第十二部歌剧；只要再写一部，他就能赶上瓦格纳的产量。然而，他随后展现了对管弦乐的新（也算是迟来的）兴趣，于是放慢了创作歌剧的步伐。直到1987 年，格拉斯才开始创作管弦乐作品——《光》，由克里夫兰管弦乐团委约的一部交响诗，以及为保罗·祖科夫斯基创作的

格拉斯在伦敦演
出,1992年

《小提琴协奏曲》。《峡谷》(1988)、《大协奏曲》(1992)、《"低谷"交响曲》(1992)、《第二交响曲》(1994)都很快随之而来。但向来手脚麻利的格拉斯不忘宣告:"我的交响乐创作,才刚刚开始。"

这些作品里最成功的是《"低谷"交响曲》,它的诞生恐怕也是古典音乐作品史上独一无二的。格拉斯从大卫·鲍伊和布莱恩·伊诺的划时代专辑《低谷》(1977)中摘选了三个器乐分曲,用它们作为自己的交响曲主题素材。鲍伊和伊诺在格拉斯1971年访问伦敦的演出时听过他的音乐会,《低谷》显然深受格拉斯式简约主义的影响。将近二十年后,格拉斯投桃报李。他借用的主题都用上了格拉斯式的重复和变形,但真正令作品成功的,是他把这种技术用在交响乐形态里,并逐渐构筑起充满激情的高潮和较长的主题。可以预见,作品的情绪是忧郁惆怅的[①],蜿蜒的抒情性令人想起后浪漫主义英国作曲家拉尔夫·沃恩·威廉斯或美国交响乐作曲家阿伦·科普兰。

165

———————————

[①]《低谷》是大卫·鲍伊戒毒期间的作品,总体上呈现了面对人生低谷的种种惆怅情绪。——译注

166

要是《第二交响曲》也能这么成功就好了。但这部作品再一次把格拉斯新近风格的困境展现出来。七十年代，当他的吵闹、绕来绕去的简约主义片段被用于干涩的重复中，它们听起来非常大胆，似乎是扇了装腔作势的古典音乐世界一记耳光；八十年代，当它们被用来充实歌剧时，最好不要填得过满，最好限制在一定的比例内。这就是为什么《非暴力不合作》比《航行》更受欢迎。但歌剧里，至少还有声乐线，试图将这些重复的小段推到伴奏的功用之中，而在格拉斯的管弦乐作品里，下行音阶、喃喃的琶音、可预计的切分音都不再是背景——当它们穿上堂皇的管弦乐外套，这些刻意简化的材料和它们力图企及的浪漫式的表现意图之间产生了明显的裂痕。

我的初衷总是寻找
更广大的受众。
对页图：沉思中的
菲利普·格拉斯

三乐章，四十分钟长的《第二交响曲》特别保守，甚至可以说平庸，堪称格拉斯与他曾唾弃的欧洲保守传统的拥抱。显然，格拉斯已不再为那些寻求新鲜刺激的听众写作。而他现在要为主流听众（拜他所赐，那些渴望听到熟悉的风格的），人数更多也更忠实的听众写作。这是一种在世作曲家都会艳羡的处境，但很少有人明白随之而来的风险。如此僵化的周遭环境，不可能催生《十二个声部的音乐》或《海滩上的爱因斯坦》这样的作品。

所以，是什么造就了菲利普·格拉斯？评论家约翰·罗克韦尔在 1993 年的文章里很好地总结道："问题是格拉斯先生是不是退化了，或者说已经退化到一种有趣的境地，或是已经所剩无几了，或是处于不平衡状态，抑或只是在摸索一条新的道路。"罗克韦尔没有回答自己的问题，但他很好地总结了格拉斯"对无限重复的惊人力量的信念，已经让位给讨好主流听众的愿望了"。

史蒂夫·赖什从二十世纪八十年代的那批比较传统的管弦乐作品中让自己重生，九十年代又从自己最初的创作中汲取创新的精神；无疑，人们无法预见《不同的列车》或《洞》这样的作品。但如今看来，格拉斯对创新已无兴趣。八十年代初，他就基本不写那些令人惊诧的作品，而他获得的回报就是无法超越的庞大听众数量以及这些听众的热衷。他付出的代价是一种平淡的千篇一律的风格——和他七十年代站在音乐创作前

168

沿时的风格相去甚远。

　　也许他从来就希望如此。实际上，他自己的表态比任何繁复的分析都要直接。"我是从一个实验作曲家起家的，但如今，我已经是个流行作曲家。"1987 年他这么说。1988 年，他清楚地表明自己在九十年代的努力方向："我有权改变自己的创作。每个艺术家都有这个权利。总会有这样那样的误解。我从来不想当一个'费解'的艺术家。我的初衷始终是寻找更广阔的听众。这大概就是我在做的事。"

第六章

后简约主义作曲家约翰·亚当斯在键盘前

　　简约主义是对西方艺术音乐的一次震动。就像给严肃音乐那副死板而冷漠的面孔浇了一瓢泉水。我不能想象，如果没有它，整个音乐界该是何等僵化或不可忍受。但我认为，作为一种表达手段，这个风格自己也需要发展并不断复杂化。

——约翰·亚当斯，1992 年的采访

亚当斯、蒙克和后简约主义

170

　　约翰·亚当斯在关于小时候的记忆中就有坐在新英格兰乡间的家中听唱片的经历。"LP唱片出来的时候，我大概三岁，"他回忆说，"我清楚地记得我爸爸带回一台唱机和两张唱片。一张是莱奥波特·斯托科夫斯基指挥的《1812序曲》，还有一张是小丑波佐指挥约翰·菲利普·苏萨的马戏团进行曲。不久以后，我就拿着妈妈的绒线针开始指挥这台唱机了。"亚当斯中断了这个回忆，加上了一些重要的评价："我成长于一个并不把本尼·古德曼和莫扎特绝对分开的家庭。"

　　显然是这种对各种音乐的开放态度——美国的或是欧洲的、旧的或是新的、"高雅"的或"低俗"的——令亚当斯的作品与其他简约主义先驱的有天壤之别。人们发明了后简约主义这个词，用来描述亚当斯不拘一格的语汇。在这种语汇中，简朴的简约主义和激情的浪漫主义并肩而行。上一个世纪之交，马勒和西贝柳斯的后浪漫主义，采用十九世纪浪漫主义但融进早期二十世纪的风格元素。作为比赖什和格拉斯年轻一代的约翰·亚当斯同样继承了简约主义的语汇，但令它更富表现力，风格上更加多元化。"要做一个新时代的作曲家，你必须在各种不同的音乐体验中游刃有余，"亚当斯说，"还要敢于逗乐自己。"

　　评论家可不那么容易被逗乐，这就解释了为什么亚当斯总是新闻机构嘲讽的对象。他的罪名，看来是用二十世纪末期的美国音乐文化玷污了原来机械的、严格的、风格上很纯净的早期简约主义，美国评论家爱德华·罗特斯坦称这一过程为"简约主义垃圾化"。的确，亚当斯的简约主义只是许多种不同风格发展中的一种而已。

171

　　要理解亚当斯这种玩世不恭的折中主义，我们必须回溯到他的童年。1947年2月15日，亚当斯出生于马萨诸塞州伍斯特市，他的父母都有音乐基础。

> 我的父亲是个爵士乐萨克斯管演奏家。实际上，他是因此认识我母亲的。我的外公，是我母亲的继父，在新罕布什尔的温尼珀索基湖上有一间舞厅，名字叫欧文的温尼珀索基花园，他用很棒的硬木地板铺设在露出湖面的桩子上，感觉非常浪漫。三四十年代，有许多大乐队过来演出整整一个夏天。那时，我父亲也跟着一个乐队来演出，不过他们只是后备乐队。我母亲当时在另一个乐队唱歌。他们相识了，然后就私奔了。所以，我最初的音乐经历就是在还是小孩的时候听了许多古典音乐，还有他们都很喜欢的爵士乐。

约翰·亚当斯有典型的不羁性格

还是孩子时，他的一家搬离了波士顿附近的伍斯特，来到佛蒙特州的伍德斯托克，最终又搬到新罕布什尔的东康科德。 172

这是一座古朴的新英格兰小镇，带有常见的白尖顶教堂，人口三百人，他在这儿一直待到上大学的时候。

考虑到东康科德的规模，亚当斯得到的机遇可谓丰富。最初，在他八岁的时候，是他的父亲教他吹奏单簧管。到了十一岁，他开始创作第一部作品，同时他也在白雪覆盖的松树林里闲逛，头脑里幻想着未来将要创作的交响曲的编号。很快，亚当斯加入了父亲所在的行进管乐队，还在十几岁的年纪就荣升单簧管首席。

这时，他作为单簧管手、作曲家和指挥的才能，被用在一支由新罕布什尔州立精神病医院资助的社区乐团里。亚当斯是这支全由成人组成的乐团里唯一的青少年，他甚至还在这里获得了指挥演奏自己第一部大型作品的机会，一部为弦乐队创作的三乐章组曲，作曲时仅有十三岁。"我想，乐团的人，还有康科德社区的人都把我看作是个神童，他们肯定觉得这孩子又能作曲又能指挥，还能吹单簧管，很神奇。"

乐团给亚当斯上了很多实用的课程。有一场音乐会向他展示了音乐具有何等强大的表达能力。"当时我们演了一些很普通的音乐作品，但我看到人们的脸上滚落了泪水。我的音乐向来具有这样的功能，我想可能正是因此它们也威胁到很多人。我的音乐具有情感作用。"

另一场音乐会告诉亚当斯，即便在最光鲜的外表下，也可能隐藏着绝对的疯狂。他所在的乐队有几位精神病人，亚当斯称他们是"定时炸弹"：

> 我们当时要演舒伯特的《未完成交响曲》和《旋转木马》里的一些选曲，其中一个病人——特别是那个坐在我后面的单簧管手，就自顾自走出去，做奇怪的事情。他就自顾自说胡话——呀哒呀哒呀嗲呀嗲——或者就自顾自吹得非常快。从没人介意，也没有人冲过来给他套上紧身衣，新英格兰善良的人们总是转头不看。一直想着下一刻可能会发生的事情，也许某个人会突然"啊！！！"真是不错的感受。这是我将音乐作为社会活动的第一课，无论这事多么深刻和有意义，彻底的疯狂仍然会发生。

指挥家、作曲家伦
纳德·伯恩斯坦，
1966 年

对美国流行文化的热情、对音乐表达能力的尊重和对未知的期待，这些亚当斯未来作品中的种子都在他即将完成高中学业时被埋下。接着就是等待哈佛如何让这些种子生根发芽。

早在孩提时期，亚当斯就来到波士顿，向波士顿交响乐团的乐手菲利克斯·维斯库里亚学习单簧管演奏。如今他已得到哈佛大学的奖学金，这所常青藤名校已经送出了如伦纳德·伯恩斯坦、沃尔特·皮斯顿和埃利奥特·卡特这样的大作曲家。亚当斯的父母都没有高等文凭，看着自己的儿子将要踏进如此著名的高校令他们兴奋不已。

于是，他去了哈佛，本打算专修指挥和单簧管演奏。一开始他还偶尔兼职在波士顿交响乐团吹单簧管（他最引以为豪的经历是参加了勋伯格歌剧《摩西与亚伦》的美国首演），还同哈佛-拉德克利夫乐团合作首演了皮斯顿的《单簧管协奏曲》。很快，指挥占据了他更多的时间。他指挥同学们在哈佛的食堂上演了莫扎特的《费加罗的婚礼》。那时，伯恩斯坦的一个探子看中了他，大师邀请他到波士顿交响乐团夏季驻地坦格伍德，当他的助理。

一般人恐怕无法拒绝这么诱人的邀请。但在 1967 年夏天，亚当斯还是个"彻头彻尾的嬉皮，就差穿铁带环"，当时正一边嗑药一边自省，他决定要当个作曲家而不是指挥家。"我干的第一件大事，是为一个哈佛的朋友的诗作谱写了一个声乐套曲，用女高音和室内乐队的编制，"他笑着回忆道，"听上去都像是吉姆·莫里森的《大门》和《佩珀军士》之间的玩意儿。"这时，亚当斯沉溺于摇滚乐，他甚至为《哈佛猩红报》①采访了奶油乐队。"当时我听的音乐中，超过半数是摇滚乐。我对那种听上去特别有整体感的专辑很是喜欢，好比《迪斯雷利齿轮》②《艾比路》《月之暗面》还有马文·盖尔的《怎么了》。" *174*

不用说，这不会是哈佛音乐系鼓励的音乐类型。系里仍然在教授阿诺德·勋伯格的十二音作曲法和其他的理论。"那是一段极度迷茫的时期，"亚当斯不无感慨地说：

---

① 哈佛大学的学生报纸。——译注
② 奶油乐队的著名专辑。——译注

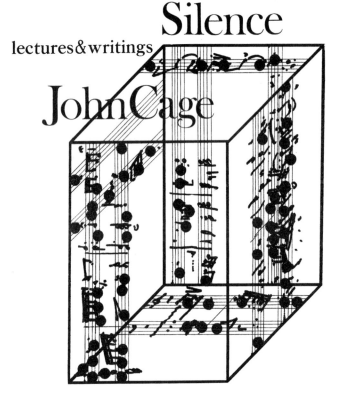

约翰·凯奇的著作
《无声》的封面，这
本书如一枚炸弹触
动了亚当斯的神经

　　教授们完全对美国文化、流行文化中发生的东西
一无所知。我喜欢爵士乐和摇滚乐，然后又要走进音
乐系，感觉就像踏进坟墓，一个个数韦伯恩的音列。
很让人沮丧。随后我们又回到寝室听着塞西尔·泰
勒、约翰·科特兰还有滚石的音乐兴奋起来。摇滚乐
这么有感觉，激发了我们狄奥尼索斯的一面，表现我
们的灵魂，我们活力的、社会的一面，但老师教我的严
格的当代音乐，我觉得那都是极其严肃、克制，极其高
冷又极端复杂。从 1967 年起，我就知道我过着一种
双重生活——不太诚实。

　　最后一个学期,亚当斯的征兵通知到了。因为不想去越南打仗,他选择躲进哈佛音乐计划。尽管他很崇拜自己的老师利昂·基希纳,他仍然回忆那种氛围近乎"密不透风"。等到1971年,他拿到硕士学位时,他已经迫切渴望一种改变了。

　　这种改变来自一个意外的方向。他的父母送给他一本约翰·凯奇的《静》作为毕业礼物,"如同一颗炸弹丢进了我的脑海"。凯奇没有提供任何答案,但他提了许多有关什么样的声音构成音乐的挑衅性问题——在哈佛绝不可能提出的问题。突然间,亚当斯觉得,他在学校被灌输的死气沉沉的现代主义可能有其他解决办法。和上一代的赖什一样,他认为,旧金山的自由氛围可能有助于他探索这些未知领域。

　　于是1971年夏天,亚当斯收拾停当钻进自己的甲壳虫汽车,一路横穿大陆开到旧金山(显然,北加州悠闲的生活深深打动了这位新英格兰人,因为直至今日,他都没有再离开湾区)。起初,他并没有看到什么前景。一年多的时间里,他什么也没写出来。为了养活自己,他去港口一个仓库工作,那儿转运中国台湾生产的在希尔斯百货销售的沙滩裤。

　　看上去前途渺茫,但突然"有份工作从天而降"。旧金山音乐学院,这家当时经济拮据但艺术上敢于冒险的学院正在寻找年轻而同样有胆量的教师,亚当斯完全符合这一要求。1972— *176* 1982年的十年间,亚当斯的音乐生涯就围绕着音乐学院,最终当上了新音乐部的头。他负责指挥学校乐团和新音乐团,教授音乐分析、配器法和作曲,带领着"温顺的青年学子们……踏上先锋的征途,旨在摧毁风格权威和音乐形式主义的最后堡垒"。对亚当斯而言,音乐学院就像一座巨大的实验室,他可以肆无忌惮地尝试各种方法——最终从中找到自己的声音。

　　一开始,他追随凯奇的脚步,探索非常规的声音来源,正如十多年前杨所作的那样。《美标》(1973)的标题取自一个卫生洁具品牌,为一个非常规且不定型的乐团写作,将"标准"的曲体——进行曲、颂歌、叙事曲——上那些常见的特征剥掉。更激进的、散发着亚当斯典型无动于衷气息的,是《低保真》(1975)。"作品的意图是用各种跟声音有关的东西来制造音乐,于是我们去商誉二手店买了七十八转的弗兰克·辛纳特拉的唱片,还有破破烂烂的唱机、从汽车仪表盘上拆下来的扬声器。然后把这些东西搭在金门公园的一个巨大礼堂里,制造出一个宏大的声音环境。"演出过后,亚当斯得到了意想不到的评价:"一个明年将入校的学生要来给我上作曲课!"

随后,亚当斯转向电子乐器,甚至自己设计集成电路,打造专属的合成器。沉浸在电子元件中三年后,他经历了所谓的"全音阶转型"——突然意识到调性的力量,如今他坚信这是自然的真实力量。"电子乐让我意识到谐音中共振的力量……学校里教我们说调性死了,差不多跟尼采说上帝死了同时。我当时相信了。假如你在这么早的年纪里就做出了教条上的取舍,你就需要一些很强烈的体验来推翻它,对我而言,玩合成器的年月就是这种强烈的体验。"

然而,在创造凯奇式的混乱和埋头电子乐的五年过后,亚当斯觉得自己走进了死胡同。他怎么才能重新开启他对调性的信念?还能有什么样的音乐语汇供他使用?幸亏还有一种新的风格是调性的、和谐的,并且大量采用美国流行文化的节奏律动,而且还很前卫。这就是简约主义。亚当斯当时才刚刚接触它——而它改变了他的生活。

早在哈佛时,亚当斯已经听过赖利的《C 调》。但直到史蒂夫·赖什和音乐家乐团 1974 年在旧金山上演《击鼓》时,亚当斯才皈依。第二年,他又听了一场菲利普·格拉斯合奏团的演出,开始意识到,或许简约主义能解决他创作上的瓶颈。"我无法描述在那之前有多糟糕。我做了很多磁带拼贴,搞一些偶然音乐——挺好玩,但始终觉得没有触及自己的内心。在那种前途渺茫的时候发现一条可能的光明大道真是让人兴奋。"

赖什的《击鼓》和《为槌击乐器、人声和管风琴所作的音乐》(亚当斯于 1977 年指挥了后者)最打动他的地方在于清晰的调性、稳固的律动和令人振奋的结构之间的高度融合。直到今天,他仍称简约主义是"过去三十年间真正有趣且重要的风格发展。尽管可能有人排斥它,但它肯定是音乐上的一次变革"。

然而,人们很快会发现,亚当斯将这场变革导向了不同于赖什和格拉斯的方向。不像那两位受到非西方音乐影响的前辈,亚当斯立刻将简约主义技法用在更加情绪化、更具导向性的音乐语言上。他排斥早期简约主义作品的那种机械式的非人化倾向,用赖什的话来说,这种音乐进程的纯粹性"一旦确立就自行运动"。亚当斯不安分的个性打破了这种音乐进程的束缚,要求更迅速的变换,沉浸在风格上较为"不纯"的做法之中。"我试图在作品中探究人生的悲剧性,"他在 1985 年时说,"这恐怕是过去简约主义不太触及的地方。"

　　所有这些要素都体现在亚当斯最早的两部简约主义作品中,钢琴作品《弗里吉亚之门》(1977—1978)和弦乐七重奏《震颤派循环》(1978)。两部作品都达半小时长度,显示了亚当斯如何运用他刚刚继承的简约主义语汇。《弗里吉亚之门》在七个不同调之间徘徊,每一次他都力图强调两种古希腊调式之间的情感差异:利底亚(光明、感性、和谐)和弗里吉亚(善变、不稳定,但具有英雄性)。尽管《弗里吉亚之门》看似是一连串八个音符构成的不断循环,但其和声的多样性与强烈的情感表达已经将简约主义抛了后面。 *178*

　　《震颤派循环》在亚当斯的独立之路上走得更远。标题中提到的是十八世纪新英格兰地区的一个教派,教民们在癫狂礼拜过程中直至震颤为止;"循环"指乐谱的写法,采用了一系列反复的小片段,借以模拟循环录音带的效果。然而,不同于赖什把这种结构变成高度理性的、缓慢展开的过程,亚当斯保持

两位新罕布什尔州震颤派教区的最后定居者,该教派狂热的礼拜仪式促成了亚当斯的作品《震颤派循环》

着这些小片段的流动性,还时常突然地让音乐从繁忙的节奏中跃入沉寂不动的音池。第三乐章中,大提琴爆发出一个长线条的旋律,亚当斯借此清楚地表明,他的简约主义标签将更多接纳二十世纪后期作曲家可用的各种表现方法。

对亚当斯而言,赖什和格拉斯的简约主义提供了发展的良机——而他,作为年轻一辈的作曲家要将这种语汇推向一个前人不曾考虑过的方向。"我觉得简约主义是对西方艺术音乐的一次震动,"他于1992年说道:

> 就像给严肃音乐那副死板而冷漠的面孔浇了一瓢泉水。我不能想象,如果没有它,整个音乐界该是何等僵化或不可忍受。但我认为,作为一种表达手段,这个风格自己也需要发展并不断复杂化。这是艺术的必然规律。蒙特威尔第、莫扎特、海明威、勒·柯布西耶……他们都为简单带入革新,静悄悄的革命,但马上又有下一代、更复杂的一代跟上他们的脚步。

引发争议的,并非亚当斯自认为给高度单纯的简约主义带入精致复杂,而是他引介这种复杂性的方式。亚当斯的童年浸泡在各种风格的音乐录音中,他视所有种类的音乐都是他的创作磨坊中可用的谷物——单纯的简约主义和感伤的后浪漫主义、怀旧的大乐队摇摆乐和充满肌体运动的摇滚乐。他并非将这些影响过滤之后塞进简约主义式的进程,而是全心地拥抱它们。其结果是一种从未有过的激情澎湃而风格多样的音乐。而对那些简约主义的苦行僧而言,亚当斯无疑是这一运动的背叛者。

亚当斯公开承认赖什与格拉斯对他的影响,而他也与两者保持着友谊。但他确实认为自己应该力图超越他们:

> 我和赖什以及格拉斯的区别在于,我并非现代主义者。我对过去的音乐十分钟情,我也不像他们那样有一套精雕细琢的、系统化的语汇,我更依赖自己的平衡感。我已经不再担心凭直觉是对还是错,至少我敢说,十九世纪大部分作曲家都是靠直觉创作的。

在亚当斯看来,赖什和格拉斯这样的作曲家是作为"原现代主义者"踏上创作生涯的。正如他们的对手,那些十二音序列主义者一样,他们一直在寻找一种系统化的作曲方法,原创性是他们的座右铭,这也是先锋的口号。但在亚当斯看来,对原创的追求根本不是个问题。"我的音乐总给人一种似曾相识的感觉。这种先锋性,所谓的前卫,已经耗尽了自己。我们已经走到了这个世纪的末尾,这种想要突破壁垒、走在未来前头的冲动已是强弩之末。"相反,亚当斯认为自己的位置应该向马勒、巴赫或勃拉姆斯看齐,他们"处在某个时代的末尾,拥抱此前三五十年发展起来的各种成果"。 *182*

1978年,亚当斯成了旧金山交响乐团及其指挥艾多·迪华特的新音乐顾问;1982—1985年间,他的位置变成了更为正式的驻团作曲家。这些年里,乐团委约他创作了两部管弦乐作品。第一部《风琴》(1981)最终成了为多达二百七十五人构成的合唱团与乐队演出的三乐章作品。随后,《和声学》(1985)则是一部绵延四十分钟的三乐章乐队作品。

这两部作品都显示出一种简约主义和后浪漫主义的混合——这种混合如此独特,只需听上几小节就能辨出是亚当斯的作品。《风琴》采用约翰·多恩和艾米丽·迪金森的诗,充斥着雷霆般的高潮,其狂暴程度颇让人震撼。这部作品中,节奏律动和简约主义的重复片段退居背景之中,占据前景的是极度膨胀的抒情性,第一次展示了亚当斯个性中的主观方面。

然而《和声学》更令人吃惊。标题取自阿诺德·勋伯格1911年有关调式和声的论著,但这部作品不仅指勋伯格的著作,而且是对整个世纪之交维也纳表现主义的发酵。尽管头尾两个乐章仍有简约主义的那种律动感,中间段落("安佛塔斯之伤",标题取自瓦格纳《帕西法尔》中的老一辈圣杯骑士王)是一段长长的悲鸣,以一种蜿蜒的、半音化的抒情主义,比他过去的作品更接近后期的马勒或早期勋伯格的创作。经历了两年的瓶颈期之后,《和声学》释放了亚当斯被压抑已久的创作激情。如果说这是简约主义,那也是爆发的简约主义,有时具有歇斯底里的力量。

不过,亚当斯并非一直想写《和声学》这样宣泄般的作品。 *183*

约翰·亚当斯在加利福
尼亚州伯克利家中的工
作室里

在生活上和艺术上,他也是在心思缜密、勤于反省与外表上狂放不羁之间寻找着平衡。他的狂放的那一面偶尔浮现在看似精心设计用来激怒敌友的作品中。在两部张扬的作品《风琴》和《和声学》之间,他创作了《自动钢琴音乐》(1981—1982),一部他写过的最为滑稽可笑和装模作样的作品。"在每一部黑暗、内省、'严肃'的作品中,必定会夹杂一些花哨、打趣和反讽的东西,好容易在上一部作品中赢得的朋友就这么被得罪了,"他于 1989 年写道,"我并非有意这么在两极间摇摆。这更像是心理上的一种寻找平衡的必须,黑暗转向光明,平静转向紧张,直率转向含混。"

无疑,《自动钢琴音乐》和此前的《美标》《低保真》以及此后的《主席之舞》(1985)、《可怕对称》(1988)一样,展现了他身上不羁的一面。这部为室内乐团、三个无词女高音和两台钢琴所作的作品立刻引起了一片谩骂,特别是针对其第二乐章。题为"大鸿沟"①的这个乐章,其中涟漪般的、重复的简约主义风格音型和简单的流行音乐和声进行(主音—属音—主音)纠缠在一起。似乎这还不够糟,亚当斯引入了"曲调",一个平庸的旋律逐步迈向雄伟而不可抗拒的高潮。瞬间,毫不相关的音乐上的大俗语——砰砰响的进行曲、英雄般的贝多芬式钢琴琶音、狂喜的福音歌曲和声,肩并肩地迈向莫名的狂喜。"在我写这部作品的时候,对决的钢琴、咕咕叫(女声)的警号、瓦尔哈拉式的铜管、啪啪敲打的大鼓、福音歌的三和弦和瀑布般倾泻而下的降号都混居在一起。"亚当斯这么写道。如同他把自己成长道路上的所有音乐经历都扔进一个罐子,放在火上煮。

亚当斯疯了不成? 其实不然。《自动钢琴音乐》是亚当斯强势回归他在青年时代钟爱的美国流行文化的方式,其缺乏城府的方面也正是展现青春活力的地方。1987 年,他说:"如今我觉得这是我写过的关于我自己的音乐自述中最彻底的一部。一连串的俗语、满是美国音乐的俚语。署了我的名字,还能指望我写出什么别的东西呢?"

其实还有一个要素被当代音乐拒斥已久: 幽默。"其实,当

---

① 原文"On the Great Divide"如今唱片上多印为"On the Dominant Divide"。——译注

代音乐真正让人厌倦的就是它必须极其严肃、没有幽默感，"亚当斯说，"音乐在传递幽默方面实际上比其他艺术更为有效。当你这么做的时候，你就把自己放下了帕纳苏斯山。"

在沟渠中仰望帕纳苏斯，亚当斯思考着自己的下一步。虽然他从不是标准歌剧曲目的爱好者，他恐怕不会想到，自己的第一部歌剧，而且描述的是一个当代事件，就为他赢得了国际性的声誉。他别具一格的后简约主义语汇，很快就和生动的戏剧与音乐戏剧结合在一起。

1983 年，当他去新罕布什尔看望自己的父母时，遇到了哈佛大学的青年才俊彼得·塞拉斯。八十年代后，塞拉斯以将三部莫扎特最著名的喜歌剧置于当代美国的都市病和社会问题中而名噪一时。但那时，他带给亚当斯的是一个原创性的想法——写一部关于 1972 年尼克松与毛泽东历史性会见的歌剧。这部剧被叫作《尼克松在中国》。

亚当斯嗤之以鼻。"我觉得，让尼克松这么个家喻户晓的人物开口唱歌太滑稽了。"他同样怀疑是否应该把一个当代事件作为题材。"当时，我很沉迷于荣格，所以我关于歌剧的概念里，总认为歌剧应该是写某种经典的原型人物或是神话传说。当时没有意识到《尼克松在中国》正符合这个概念，只是神话和原型人物在这儿是一些我们这个时代著名的政治人物。"

亚当斯大概花了一年时间才意识到，《尼克松在中国》不仅是一个不错的题材，而且是个很可能让当代听众接受的歌剧作品。"这是歌剧应该做的，"他在 1987 年说，"电影界一直在这样做，而歌剧简直就是跟这个时代脱离了关系；它已经失去了与我们经验的关联。我们其实不再需要一部根据莎剧或希腊神话的歌剧了。"当作曲家从满是灰尘的古代神话转向今日的神话般人物，自满的听众会瞬间被他弄懵。"假如你提的是希特勒、唐老鸭或者玛丽莲·梦露，我们神经里的无数按钮就都被按下了。" *185*

在这部戏里，显然是理查德·尼克松。实际上，像尼克松这样的人物按下了太多个按钮，大多数人甚至认为《尼克松在中国》是对这位名声扫地的前总统和他天真的第一夫人的讽刺与嘲弄。但亚当斯、塞拉斯和他们的脚本作家爱丽丝·古德曼——亚当斯的同班同学，非常坚定地认为这部作品绝非政治抨击之作。相反，他们打造了一部用精致韵文叙述的英雄性的、充满同情的歌剧。"这部歌剧讲述的是复杂的人物和历史关系中的重要的人，"亚当斯说，"我们称之为神话般的，我也的确认为里面有很多神话般的因素。尼克松的自以为是、伟大、历史必然——这些都是美国神话传统的经典话题。"

亚当斯花了两年时间写作《尼克松在中国》，八万美元的委约费来自休斯敦大歌剧院、布鲁克林音乐学院还有（颇为恰当的）华盛顿特区肯尼迪中心。1987年10月首演时，评论家迈克尔·斯坦伯格毫不夸张地说："还从未有一部美国歌剧上演前得到这么多期待和关注。"

尼克松与毛泽东1972年历史性握手的画面，是亚当斯的歌剧《尼克松在中国》（1987）的灵感来源之一

幸运的是,《尼克松在中国》是一部配得上所有前期宣传的歌剧作品。在一段格拉斯式的反复音阶构成的阴郁的引子后,总统的专机降落在北京机场,迪克和帕特从机舱走出来,穿的正是我们在新闻照片上看到的那身衣服。他们走下云梯,再现了那个经典的时刻,同周恩来总理握手(情景如此真实,现场的观众不由得发出欣赏的唏嘘)。尼克松关于电视新闻力量的那首气喘吁吁有点结巴的咏叹调、他同毛主席在书房里的会谈、欢迎总统来访的奢华晚宴,看起来就像是直接从报纸头版转到歌剧舞台上的。

除了一些呛人的讽刺,《尼克松在中国》有比人们预期更多的内在东西。最后一幕,所有主人公各自睡在一张窄床上,各自咀嚼着自己一生的成就。亚当斯为他们写下了他所写过的最内敛、最凄美的音乐。

无疑,《尼克松在中国》里仍然有简约主义的因素,特别是乐队的部分,充满各种重复和格拉斯式的琶音(实际上,格拉斯的一些乐迷仍然将《尼克松在中国》看作是对他们偶像的摘抄,尽管《尼克松在中国》明显的叙事性跟组画式的《非暴力不合作》全然没有共通之处)。然而,其旋律性的声乐写作特别贴合美国英语的语调,避开了格拉斯字词配曲的陷阱。一种新的后简约主义语言支撑着明显具有发展方向的音乐戏剧形式,加深了情感表达,并且赋予主人公一种英雄性的色彩。

完成了《尼克松在中国》之后,亚当斯发现自己成了世界名人。《时代》杂志和《人物》周刊采访他,将他放在多莉·帕顿和英迪拉·甘地边上。并非每个人都喜欢《尼克松在中国》——*187*《纽约时报》的多纳·海拿汉写道:"亚当斯对琶音的贡献堪比麦当劳对汉堡的贡献。"——但否定的声音是少数。当这部作品被全国性电视台播放(主持人正是新闻主播沃尔特·科隆凯特)时,亚当斯、塞拉斯和古德曼组合已经转向下一个惊人的项目。

他们的第二部歌剧将是讲述1985年巴勒斯坦恐怖分子劫持"阿基尔·劳罗"号邮轮,并且杀害了一位坐着轮椅的犹太裔美国乘客利昂·克林霍夫的事件。然而《克林霍夫之死》远不止于描述这个事件本身,而是以一种仪式般的庄重,考察了阿

拉伯人和犹太人,这一对陷入悲剧性、无休无止冲突的民族。这部作品的音乐,带有大量巴赫受难曲式的合唱,也已经突破了简约主义的边界——从而不在本书应有的考察范围内。

诚然,《尼克松在中国》之后再把亚当斯放在简约主义的框架里是没有道理的。如今,简约主义只是亚当斯多面的音乐个性中的一面,而他有一种独特的融合这些风格而不使它们相互对立的本领。跟同时代的作曲家相比,亚当斯真正达到了那种美国式的,综合经典音乐与普通人气质的境界——这是二十世纪四十年代科普兰全盛时期和五十年代伯恩斯坦之后十分少见的平民主义。

亚当斯并非唯一用简约主义修辞为后现代音乐戏剧服务的人。还有一位美国作曲家也尝试这么做,尽管她是从一个很不同的角度入手的。我们不能略过她,但她似乎总是被忽视——仅仅是因为评论家觉得她的作品令人很不舒服地不容易归类。作曲家、歌手、演员、编舞、舞者、电影人和表演艺术家,她的多才多艺拒绝遵守任何边界。她的名字是梅乐迪·蒙克。

蒙克同样出自那个不久以后也会孕育赖什和格拉斯的曼哈顿下城区艺术圈。但是她热衷于模糊各艺术门类边界的做法,可以追溯到她在纽约地区度过的童年。她母亲这边有音乐基础:她的曾外祖父曾是莫斯科一间犹太会所的歌者,她的外公是位歌剧男低音和音乐学院的领导,她的母亲则唱轻歌剧、流行歌和广告歌(蒙克总是深情地回忆起,她母亲的声音出现在广播、广告中,达兹牌肥皂、蓝帽黄油、穆里尔雪茄和皇家布丁)。蒙克甚至在认字前就已经识谱,1946 年,她三岁时开始学习钢琴和达尔克罗兹操——一种结合了音乐、肢体运动和即兴表演的艺术早教。青少年时期,她天赋的好嗓子转变成了美妙的抒情女高音。

等到她进入位于纽约富裕的北区沙拉·劳伦斯学院时,她已经开始了她的全方位艺术实践。升到高年级后,她报名参加了艺术项目,既有作曲和声乐课,也有歌剧工作坊和戏剧、电影与舞蹈课。1964 年毕业后,她搬到纽约,拜她出众的嗓音所赐,她并没有沦为六十年代中期又一个混迹 SOHO 区的多媒体表

左图:多才多艺的行为艺术家梅乐迪·蒙克在一次排练中大笑

上图:古根海姆博物馆的圆形大厅里,蒙克的三声部康塔塔《汁液》正在上演,1969 年

189

演者。

蒙克拥有跨越三个八度的音域，这会是令许多人，即便是歌剧女高音都羡慕的先天条件。但直到她回到曼哈顿才意识到这一得天独厚的优势：

> 1965 年的一天，我坐在钢琴前，得到了一个启示。声音可以像脊柱一样舒展，因而能具有身体一般的柔韧性与伸展性。所以，我可以对自己的声音加以塑造，让它成为我独有的乐器，成为我独特的语汇。正如我能为我的身体编舞一样。这一天我意识到，声音独有一片天地和个性——那一瞬间我看到了自己前进的方向。

她前进的方向正是由她自己设定的。蒙克精心创造了一套前无古人的声乐技巧。她用自己的声音歌唱与舞蹈，采用呻吟、尖啸、低吟、嘟囔和约德尔调①的方法。她学会描摹许多不同的形象，从老妪到小男孩，从尖叫的鬼魂到啰嗦的动物以及吟诵圣诗的祭司。最突出的是她做这些完全不借助歌词——限定自己只是用流动的歌声、无意义的音节和宗教式的吟唱。1978 年，进行了多年独角表演之后，她创立了梅乐迪·蒙克与声乐团，将她那套"扩展声乐技巧"传授给其他歌唱家。

这种技巧通常令人联想起异质的文化，因而人们不禁会期望从她的音乐里找寻非西方风格的回声——因纽特的喉音、巴尔干的鼻音、西藏式的诵经，等等。但她坚持认为，所有这些雷同纯属实践过程中的偶然。"对自己的声音进行运用时，很可能通过某种方法获得了跨文化的效果，这时你恰恰成了世界人声艺术家族的一部分。有时候我甚至觉得自己发现了远古的声音，仿佛自己是个音乐考古学家，挖出埋藏已久的人类记忆和灵魂。"

在蒙克的作品中谈到灵魂似乎并不合适。她所做的一切都那么美好与天真——甚至，如果"童稚"不含丝毫贬义的话，

---

① 一种快速交替使用真假嗓的唱法。——译注

应该是最合适的形容词。像是个用寓言与传说编织的织工,她置身于神话构成的半荣格式的记忆当中。人们也许没法用语言描述她作品的意义,但这种意义的确存在。

蒙克谜一般的、非叙事性的音乐剧场实践,或许得自菲利普·格拉斯与罗伯特·威尔逊《海滩上的爱因斯坦》的启发。她的丰富声乐技巧一般总是由键盘乐器的反复滚奏来支撑,从一个短小旋律的反复和变形上进行发展(尽管她和格拉斯一样拒绝简约主义这个词,但至少她表演时的器乐部分可以被看作是简约主义的——若她的声乐部分跨出了这个词的涵盖范围)。她对灯光、肢体运动和舞台的惊人组合,以及时间的悬停感,和威尔逊式静态的、难以捉摸的世界是一致的。但不应该认为蒙克是个模仿者,因为正是她引领下一代歌者不断探索自己声音非常规的戏剧表现力(譬如表演艺术家迪亚曼达·加拉斯)。

多年来,蒙克创作了很多延展音乐戏剧作品,其中一些具有零星叙事性,她称之为"歌剧"。《日书》(1988 年以黑白影像作品问世,后来录制成唱片)中,主角伊娃(由蒙克扮演)是一个生活在十四世纪欧洲的犹太女子。伊娃在幻觉中窥视到二十世纪的生活,这让蒙克得以将中世纪的瘟疫、战争和宗教迫害与现代社会的艾滋病、核毁灭与种族冲突加以对比。但蒙克很 *191* 典型地以暗示而非明说的方式点到这些现代政治话题。"因为我是个诗人而不是台词作者,而且我的表演方式总体来说是无词的,所以我一般用委婉的方式处理政治现实问题。"

在《阿特拉斯》(1991)中,蒙克首次在一种真正歌剧的名号下,调动起自己作为作曲家、歌唱家、编舞、设计者和导演的各种才能。"三部分组成的歌剧"《阿特拉斯》是为受过传统训练的声乐和器乐演奏者而作的歌剧,因此蒙克所用的语汇也较为传统一些。《阿特拉斯》的故事受到世纪之交法国女探险家亚历山德拉·大卫-尼尔的生平启发,这是第一位抵达西藏的西方女性。剧中,亚历山德拉和她的伙伴们绕过半个地球,先后探访了农业社会、热带雨林、北极寒冰和撒哈拉沙漠,这使他们的旅程宛如灵修过程一般。最终他们飞升到永恒的王国,一处美与知的世界。

在梅乐迪·蒙克的歌剧《阿特拉斯》中,环游世界的亚历山德拉(蒙克饰演)遇到了一个孤独而忧伤的灵魂(兰道尔·王饰演)

　　显然，这不是传统歌剧的内容。蒙克和赖什一样，既不喜欢传统剧目也不喜欢歌剧舞台上夸张的感情宣泄。"我爱你！"她嘲弄地模仿歌剧中的调子唱道："我讨厌这样。而且我也从来不明白他们在说些什么。我认为声音自己就是一种语言。"

　　于是，《阿特拉斯》是一部没有脚本的歌剧。十八位歌唱家采用蒙克标志性的声乐技巧，构建了一种无词的抒情性，这种单一的和谐表达着清晰的意思。这效果很奇特，仿佛你是在听一种从没听过的语言，但你又明白每一个词的意思。"制作《阿特拉斯》时，我觉得最有趣的是，"蒙克说，"可以抛弃所有令人分心的念头，直指内心。"

　　《阿特拉斯》和蒙克的其他早期作品一样，声乐部分得到分离的、具有光泽的器乐部分支持。这些简单、不断重复的旋律具有一种让人难忘的美感，似乎在不受抑制地不断扩大生长，像鸥一般低吟。说蒙克的器乐写作具有后简约主义特点并不为过，因为她确实采用了简约主义的重复技术和律动特点，只是为它们注入了更具表现力的个人风格。

192

　　约翰·亚当斯和梅乐迪·蒙克的作品让我们窥见，简约主义变得多么具有影响力，并且作为一种风格可以具有怎样的扩展潜力。第二代作曲家们继承了赖什和格拉斯非人的精确，并将它转变成前辈们不曾想到的维度。如今甚至更年轻的一代美国作曲家踏上舞台——赖什和格拉斯甚至被他们视作祖辈，亚当斯则是精神上的父辈。迈克尔·托克、阿伦·杰·科尔尼斯、茱莉亚·伍尔夫、大卫·朗和麦克·戈顿，在他们的作品中，简约主义的元素继续生发出新的风格变化。

　　在不到四十年时间里，简约主义进入历史书，成为美国音乐语汇的主流。如果一种音乐风格是以其弹性、影响力和变化发展的潜力来衡量其重要性，那么简约主义显然已证明自己非常重要。

第七章

欧洲简约主义代表人物,荷兰作曲
家路易斯·安德里森

欧洲:奈曼、安德里森、帕特

这种接地气的、更加尘世的音乐同
美国的简约主义音乐很不一样,他们的
音乐更有一种宇宙的,或者加利福尼亚
的声音。美国人总的来说太无忧无虑
了。我敢说,我更具攻击性。

——路易斯·安德里森

欧洲：奈曼、安德里森、帕特

194

　　简约主义,通常被看作一种美国生、美国养,在美国成长的现象。无疑,当它在二十世纪六十年代闯进公众视野的时候,它是和一些美国作曲家,如特里·赖利、史蒂夫·赖什还有菲利普·格拉斯联系在一起的。但简约主义其实很早就传到欧洲(比如赖什和格拉斯在 1971 年的联合欧洲巡演),它很快就成为一场全球运动。作曲家亲自带队演出的这种类似摇滚乐的演奏方式、从非西方音乐和流行音乐汲取灵感的做法,简约主义似乎就是一股来自美国的颠覆之风。它可能向欧洲人展现了一条战后序列主义之外的出路。

　　不少作曲家从赖利、赖什和格拉斯的音乐里得到启迪。实际上,在英国作曲家麦克·奈曼和荷兰作曲家路易斯·安德里森身上,把这种启迪说成是顿悟都不算夸张,他们甚至因此彻底改变了自己创作生涯的发展方向。在更远一些的前苏维埃政权领地,美国简约主义音乐的渗透要慢一些。但当它传到爱沙尼亚的阿沃·帕特和波兰的亨利克·古雷斯基身边时,一种美国式的音乐语汇开始唱出鲜明的(而且很不美国的)虔敬味道。

　　命里注定要成为第一个把"简约主义"一词用到音乐中的人:麦克·奈曼,如果不是在七十年代早期听到这种来自美国的新声音,他恐怕都不会重新开始作曲。对照他今日的尴尬处境(一方面在商业上取得巨大成功,另一方面又被古典音乐界刻意边缘化),我们必须记得,他当初所受到的音乐教育相当严格。

195

　　1944 年 3 月 23 日生于伦敦的奈曼,后来进入皇家音乐学院学习,他的科目包括钢琴、羽管键琴、音乐史和作曲(作曲家艾伦·布什是他的老师)。随后,他进入伦敦国王学院,在那里,音乐学家、早期音乐专家瑟斯顿·达特向他展示了英国文艺复兴和巴洛克时期音乐的辉煌(奈曼肯定被达特非常喜爱的作曲家亨利·珀塞尔打动，他将单纯的重复结合成别具匠心的结构，以一种浅显的方法传递崇高的激情）。达特同时也鼓励奈曼保持对民间音乐的兴趣。因此，1965 年，奈曼启程前往布加勒斯特，在那里考察罗马尼亚民间音乐。

从那时起，奈曼逐渐背离学术界，这一影响持续产生着作用。多年的学习令他遇到了一个巨大的瓶颈，以至于在 1964—1976 年间，他基本上什么都没写出来。这一瓶颈并非源自内在的创造力的缺失，而是外在风格的缺乏。

麦克·奈曼，第一个在音乐中引入简约主义一词的人在钢琴边工作

1961—1964 年间，我还是学生的时候，以一种兴德米特-肖斯塔科维奇的风格创作。随后，我遇到了曼彻斯特派——麦克斯威尔-戴维斯、伯特韦斯尔和戈尔——很自然就转向了写作序列主义，而且还认为任何不用序列主义创作的音乐都是白痴的音乐。你甚至不能表示出一点点对本杰明·布里顿的认可！一切都是

196

达姆施塔特，都是后韦伯恩的序列主义屁话。我试着写过序列主义的音乐，但我放弃了。于是，从 1964 年到 1976 年间，我一个音符都没写，因为我实在不愿意写序列主义音乐。

如果他不能写音乐，那他至少可以写文章谈音乐。在那十二年里，奈曼是一个多产的评论家，定期为《听者》《新政治家》，特别是为《观察家报》供稿。正是在这份刊物上，1968 年他评论科内利乌斯·卡迪尤的《伟大的学习》时，使用了一个新的音乐术语——简约主义。后来他称之为"一个记者的孤注一掷"。（"是我起的头，把我抓起来吧。"他不无恼怒地说。）到 1974 年，奈曼把对整个新音乐界广博的见闻汇聚成了一本书，名叫《实验音乐：凯奇及其后》，至今仍是关于战后序列主义以外其他风格的不可逾越的全景之作。其中的一支，被奈曼称为简约主义，这时，他已不仅仅把这个术语用于卡迪尤身上，而且用在他介绍的一批美国作曲家——杨、赖利、赖什和格拉斯身上。

奈曼很快成了美国简约主义音乐的代理人，甚至还与访问英国的史蒂夫·赖什和音乐家们同台演出。然而，《实验音乐：凯奇及其后》一书最重要的副作用就是让奈曼重新开始作曲。似乎是在如此透彻地梳理了所有这些反序列主义作曲家的各种风格之后，他完成了苦涩的反省——并找到了自己的声音。

1976 年，时任伦敦国立剧院音乐总监的哈里森·伯特韦斯尔，请奈曼为新制作的哥尔多尼戏剧《广场》改编一系列威尼斯船歌做配乐。奈曼为一支混杂的小乐队编配了这些乐曲，既用到了中世纪的乐器（雷贝克琴、萨克布号和绍姆管），也用到了流行乐器（班卓琴、低音鼓和高音萨克斯管）。其结果是如此吵闹，但对奈曼来说是如此奇妙，以至于他决定保留这样的乐队编制，并专门为它进行创作。

197

一瞬间，麦克·奈曼成了正牌简约主义音乐家。"当我于 1976 年重新开始写作的时候，我的风格几乎是一夜间形成的。非常成型，而且明显是简约主义而非序列主义的，"他承认，"因为我接受的是纯粹的古典音乐教育（我是个音乐学家），我的音乐完全倾向于调式和声和旋律。简约主义说：'你可以用调式和声，可以用正常的律动.'当然这一切就和我在六十年代末常听的音乐融合在一起——特里·赖利、披头士和地下丝绒的音乐。"

奈曼很快就开始为麦克·奈曼乐队写作，如今这支乐队去除了中世纪乐器，加入了经过放大的一组木管（特别是萨克斯管）、铜管、弦乐、键盘和电吉他。他特别满意于简约主义对流行音乐大敞其门，而序列主义则是对此严防死守的。"在今天，写作音乐时完全无视流行音乐的存在是可笑的。如今的施托克豪森们和伯特韦斯尔们完全弃绝和蔑视那种音乐显然是荒谬的。"

但在其他方面，奈曼的音乐和美国简约主义者大不相同。奈曼对赖什和格拉斯认同非洲与亚洲传统的现象感到很不舒服，在他看来，西方人不可能心怀好意地这么做。因此，奈曼的乐队即便借鉴了赖什和格拉斯的重复律动手法，却丝毫没有从非西方音乐中吸取任何东西。实际上，他清晰的方向性、高潮段十分明显的乐谱和他所熟悉的传统和声进行，都直接取自欧洲古典音乐传统。他对此解释道：

> 作为一个批评家和作曲家，我一直在欧洲简约主义者和美国简约主义者中做出清晰的区分。总的来说，我们的传统是在欧洲，我从欧洲交响音乐传统中获取所有灵感。我当然清楚我们所作的音乐和非西方音乐之间的种种内在联系，我只是尽可能避免用它们——部分因为我穿不惯加纳服饰，我习惯于莫扎特的服饰，我觉得这其中有明显的文化帝国主义对殖民地的剥削痕迹。另一部分原因或许是我希望能在彻底西方和声化的语境里工作。

奈曼的批评者会说，他的语言不仅仅是西方化的，而根本 *200* 就是剽窃的。因为奈曼在七十年代和八十年代所做的，就是从古典音乐中借用基本材料——普契尼的一条低音、舒伯特的一句旋律或莫扎特的一组和声进行——然后"简约地处理"它们。奈曼从西方音乐文化中攫取这些碎片，将它们用于简约主义的处理方式：不断重复、低鸣的脉动和多声部的层化。然后，他把它们送进麦克·奈曼乐队嘶哑的音响中。其结果，取决于你相

后页：彼得·格林纳威的影片《画师的合同》（1982）剧照，该片由麦克·奈曼配乐；这部作品第一次向世人展现奈曼的音乐

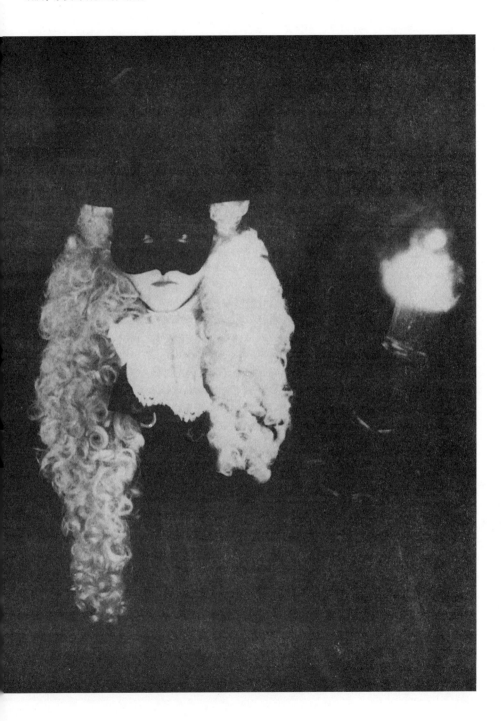

信谁的判断，或许是对音乐的粗鄙亵渎，抑或是对音乐的后现代解构。

《"Re"①上的唐璜》(1977)中，他将一组和弦从莫扎特的歌剧里抽出来，拆成一个不断重复的律动，宛如摇滚乐的粗暴力量闯进了典雅的十八世纪古典主义。电影配乐《画师的合同》(1982)②完全构建在珀塞尔的夏空低音上。但奈曼这里没有冒犯珀塞尔的作品，而是在重复的低音线上重新写作了自己的华丽而带有一丝凄美的旋律。

《画师的合同》是奈曼第一次商业上的成功，从而确立了他和电影导演彼得·格林纳威的关系。1977—1990 年间，他们合作了十八张原声（包括十部电影），可算是现代电影史上硕果丰富的一个组合。《一个 Z 和两个 0》(1985)、《挨个儿淹死》(1987)、《厨师、窃贼、他的妻子和她的情人》(1989)以及《普罗佩罗魔典》(1990)等，显示了奈曼和格林纳威有着同样的艺术气质。无论是通过暴力、性还是纯粹的视觉密度，格林纳威的电影充斥着巴洛克式对过度装饰的热爱，将错乱的狂欢与神秘的仪式结合在一起。在格林纳威看来，也是在奈曼看来，整个历史的体验都可用来重审。同样，在他们看来，重构或许会具有一个粗暴的表象——理性、结构性藏在其下，赋予奢华的表象以不可预期的一致性。

八十年代，奈曼最出色的作品是他的歌剧《误把妻子当帽子的男人》(1986)。根据美国精神病学家奥利佛·萨克斯的病例研究创作，这本书讲述了一个年长的"P 博士"，能分辨周围的环境，却无法理解这些图景意义的奇怪故事。P 博士是个音乐教授，他将一些歌曲和特定的行为关联起来，以此来维系自己的日常生活。在奈曼的歌剧里，这些歌曲都来自舒曼的《诗人之恋》，其中一首特定的歌曲《我不抱怨》被拿来进行奈曼式的音乐变形。《误把妻子当帽子的男人》不停重复的律动和后现代对历史的借鉴，无疑受惠于格拉斯和亚当斯的作品。但其散发出的精美的文雅曾是很多人怀疑是奈曼所不具备的特质。

201

---

① 即"哆来咪"的"来"。——译注
② 国内普遍将这部影片译作《画师的合同》，实际上应为《制图师的契约》。——译注

奥利佛·萨克斯的著作《误把妻子当帽子的男人》(1985)为麦克·奈曼的同名歌剧提供了灵感

全世界数百万听众从他为简·坎皮昂的影片《钢琴》(1992)的配乐中发现了同一种伤感的性情。奈曼的乐谱要由女主角阿达的扮演者霍丽·亨特在镜头前演奏，这个角色是个十九世纪远嫁偏远新西兰雨林地区的年轻女子。阿达从苏格兰带着自己的女儿和钢琴远道而来，奔赴南太平洋，完成一桩被指定的婚姻。阿达是个聋哑人，因此她只能靠演奏钢琴来与人交流。"由于她不说话，因此钢琴音乐在这里不仅仅是一个配乐，也是她声音的替代，"奈曼写道，"钢琴的声音从而成为她的性格、她的情绪、她的表达，以及她无声的语言。" *203*

　　奈曼很典型地又回到历史中寻找素材（这回，他用了苏格兰民歌），但用他自己的重复手法和简约风格加以处理。他想象，这些音乐是阿达这个古怪而独立的女人自己创作的，这让他往这个二十世纪的瓶子里大胆地注入了十九世纪的醇酿。一些批评家认为这样的音乐不合时宜，甚至有点分散观众

对影片叙事的关注。但其他人则深深被奈曼这种新的阴郁的抒情打动。他的音乐宛如捕捉到了新西兰狂风肆虐的山峦和狂暴的海岸的形象——同时也体现了阿达内心郁积的热情。

《钢琴》的原声碟销售超过一千五百万张，使奈曼成为与菲利普·格拉斯齐名的国际知名音乐家。麦克·奈曼乐队随即开始世界巡演，演奏《钢琴》的音乐会版；同时，这段音乐还被重写成《钢琴协奏曲》（1993）。这时渴望为乐队写作的奈曼已经不缺严肃作品的委约。然而，他依然还缺少一样他最看重的东西：古典音乐界的认可。

奈曼的时间分配在北伦敦的住所、法国比利牛斯山区十八世纪农庄和带着乐队全球巡演之间，他显然不缺商业上的成功。但他怀疑，或许是他音乐的流行程度引发了艺术上对他的质疑。"我不得不同时接受人们的恭维和不认可，"他于 1994年说，"我可以在伦敦节日大厅开音乐会，观众起立鼓掌，这在新音乐中很难见到。但总有那么几个摆着臭脸的评论家作出困惑、愤怒，或者不明所以的表情。"

对页：阿达（霍丽·亨特饰演）和女儿弗洛拉（安娜·帕昆饰演）被遗忘在新西兰偏远的海滩，简·坎皮昂的影片《钢琴》（1992）剧照

也许奈曼过于轻率、过于明显地对传统音乐加以借用和重塑。但无疑他对别人产生了影响。没有奈曼的表率，恐怕不会有英国后简约主义作曲家史蒂夫·马特兰（1959 年生）与史蒂夫·马特兰乐队，一支电声扩音乐队的巡演。他们的声音如此尖利，以至于奈曼的音乐与之相比之下显得非常柔和。（事实 *204*上，马特兰的音乐引起了比奈曼更大的反感。有一位英国古典音乐评论家建议马特兰"自己挖个洞把作品埋了，省得别人为此费事"。）

不过，马特兰实际上不是跟奈曼学的，而是跟路易斯·安德里森学的。这位荷兰作曲家，其激烈的政治主张和反传统的音乐，几十年来不断搅乱古典音乐界。

安德里森通常被看作欧洲最简约主义的作曲家，他的音乐同时扎根于二十世纪欧洲现代主义和美国简约主义。当他开始交谈时，很快就会表明，自己的偶像是约翰·塞巴斯蒂安·巴赫和伊戈尔·斯特拉文斯基。但其实是美国简约主义促成了他音乐语汇的成熟。

1939 年 6 月 6 日，安德里森生于乌特勒支，从小听着他父

亲——亨利克(1892—1981),一位乌特勒支教堂作曲家兼管风琴家喜爱的音乐长大。小路易斯常常坐在父亲身边,学习父亲对巴赫朴素复调的演绎;亨利克在家则更愿意播放法国古典主义和斯特拉文斯基的音乐,而不是德国浪漫主义极度煽情的作品。1945 年荷兰解放以后,美国爵士乐蜂拥而入——安德里森听到了查理·帕克的比波普,以及贝西伯爵和斯坦·肯顿的大乐队。

1957 年,第一波序列主义潮流横扫欧洲的时候,安德里森进入海牙皇家音乐学院学习。他的老师是基斯·范·巴伦,荷兰第一位十二音作曲家。现如今,他对那段时间的学习充满骄傲:"我敢说,1958 年时,我大概是荷兰第一个序列主义作曲家。我喜欢那种怪异。和我家里经常听到的井井有条的法国音乐完全不同,所以也算是闯了禁区了。"

作曲家路易斯·安德里森,年轻一辈叛逆音乐家的偶像,在阿姆斯特丹的家中

六十年代初,安德里森放弃了序列主义,一头扎进当时非常时髦的先锋派实验中。1962—1964 年,他在米兰和柏林跟随卢恰诺·贝里奥学习,还结识了彼埃尔·布列兹、卡尔海因

茨·施托克豪森、达姆施塔特派，进入了约翰·凯奇的圈子。但此时，安德里森已经是一个激进的马克思主义者，深深厌倦了先锋派那种渐进的形而上和精英主义之间的悖论。当他在六十年代末卷入欧洲街头和校园的动荡时，他认识到自己需要一种能和普罗大众交流的语言。"看到街头的革命行动，我意识到我所选择的（音乐风格）必须对音乐家和整个世界产生作用。"他如此说。

他的第一个决定就是不再为传统的音乐组合写作，好比交响乐队：

> 那时候，我们说过一些很激进的话，比方管弦乐队是资本主义和唱片公司的东西，所以就有很强的政治理由对它们加以拒绝。实际上，我至今仍是这么认为。但此外还有音乐上的理由。我在寻求一种新的声音，既是爵士的又是古典先锋的。

于是，安德里森组建了他自己的"民主"乐团，借以消除文化"高"与"低"之间的边界。乐队名叫"坚毅"，乐队成员常常肩并肩如军队一般列队，无论是在街头演出还是在音乐厅里表演。 *206*

然而，坚毅乐队还需要一种相应的容易接受的音乐来演奏，于是安德里森幸运地发现了美国简约主义。美国作曲家弗雷德里克·日采夫斯基于1971年带了一张特里·赖利的《C调》唱片到阿姆斯特丹。安德里森立刻被其中反复出现的爵士片段吸引，还有那种稳定的律动、强烈的参与感以及简单明了的曲式。"这真是雅俗共赏，正是我在寻找的方法，我仍然觉得音乐就应该走这条道路。"

随后，他听到赖什的早期作品，这给他留下很深的印象，他立刻着手在哈格音乐学院组织这些作品的演出。安德里森恐怕立刻感受到了赖什拥有和他相似的音乐经历——年轻时代沉浸在斯特拉文斯基和比波普音乐中；一度学习序列主义造成对结构规整的偏好；音乐风格过于激进，不得不寻求组建自己的乐队。"我特别感兴趣的是史蒂夫对音乐中时间的把握、不以展开的方式处理主题，以及流行音乐式的律动。他的音乐接受来自世界各地的各种影响,我对这种观念非常认同。由此,我觉得未来充满各种可能性。"

不过,安德里森为坚毅乐队写作的音乐立刻背离了新近令他沉迷的美国简约主义。但他所写的简约主义音乐一点不比奈曼的更接近赖什他们的作品。《国》(1972—1976)是安德里森第一部长篇简约主义作品,由一种粗劣的齐奏、巨大的音响和无情的节奏推动力构成。它尖锐的音色远比美国简约主义的柔和写法更具不妥协的精神。"这种接地气的、更加尘世的音乐同美国的简约主义音乐很不一样,他们的音乐更有一种宇宙的,或者加利福尼亚的声音。"安德里森暗笑着说:"美国人总的来说太无忧无虑了。我敢说,我更具攻击性。"

《国》之后,《时间》(1979—1981)并不是因为这种攻击性而更加远离赖什和格拉斯。安德里森的音乐具有粗糙的不协和性和尖锐的半音化倾向,其中的欧洲现代主义因素——斯特拉文斯基、梅西安、利盖蒂的作品所具有的——和简约主义因素并存。"我是个欧洲作曲家,"他明确提出,"所以我肯定比美国人采用更多的半音阶。我的音乐总的来说更复杂、变化更多,和声上也较少全音阶。"

吵闹而节奏稳固的《国》结合了人声和器乐,似乎预示了约翰·亚当斯后来的那种风格。但《时间》突然间开辟了他自己的天地。这首为圣奥古斯丁有关时间的沉思谱写的四十分钟音乐,旨在将时间的流逝悬置起来。而骨子里是个欧洲人的安德里森,终究无法接受赖什音乐中那种毫无发展的特质。在《时间》里,器乐组成的诡异半音嗡鸣,越来越频繁地被金属打击乐的轰鸣截断,显然音乐在朝着一定的方向发展。"尽管素材非常简约,我还是发展得比他们多。"他承认。

七十年代,安德里森继续为美国简约主义代言,1976 年,他还在海牙音乐学院举行了一次关于简约主义的研讨会。这次活动后,安德里森的第二支乐队,霍克图斯①诞生了。与坚毅乐队那些爵士演奏家不同,霍克图斯的学生们都是摇滚乐爱好

① 该乐团名字取自中世纪的复调技巧"分解旋律"(Hoketus,音译"霍克图斯"),声部与声部间交替
演奏或演唱同一条旋律,构成交叉的效果。——译注

者，为乐队带来了电吉他和流行乐打击乐。"霍克图斯，都是些年轻的狗仔！"安德里森兴奋地说："但在意识形态上，他们和'坚毅'没有什么区别。"

为这两支队前所未有的联合演出，安德里森创作了《风格》（1984—1985），这是一部为女声、木管、铜管、键盘乐、电吉他和"重金属"打击乐写作的粗暴的作品（安德里森甚至开玩笑说，该用汽车保险杠的）。他称这个演出团体是"二十一世纪的恐怖乐团"，将其视为未来的组合形式。

《风格》的标题取自围绕在荷兰画家彼埃·蒙德里安（1872—1944）周围的小团体的名称。这位画家的抽象几何画风可比拟他音乐中那种晦涩和形式化的结构。尽管一开始是当作独立作品创作的，但《风格》最终变成《此事》（1984—1989）的第三部分——这部由四个段落构成的歌剧由非叙事音乐戏剧的不二人选罗伯特·威尔逊指导。

《风格》这部作品比安德里森的任何一部其他作品更明确 *208* 地体现了作曲家对流行文化的兴趣。这部作品的低音是具有放克乐特点的，大量切分和神经质重复的"迪斯科低音"，一开始用加放大器的键盘和电贝司演奏。这个低音一直贯穿了整整二十六分钟的音乐。安德里森爽快地承认他对美籍非裔人音乐的借鉴。"你瞧，我很喜欢摩城①音乐；即使在六十年代，我也觉得超女②比披头士厉害多了。后来，我还买了查卡·汉、珍妮特·杰克逊、安妮塔·贝克、玛丽亚·凯瑞，都很好！"

骚动的低音线、粗暴的铜管和木管的咆哮、野蛮的打击乐以及暴虐的向前推动力，《风格》简直堪称美学檄文。安德里森的独特成就正在于把欧洲现代主义的不协和音、美国简约主义的不停重复和流行音乐的力量结合在一起。他似乎更渴望彻底破除"严肃"和"流行"文化之间的壁垒。"我认为这样做很正确。我又要用到民主一词，去除这些边界。我认为这样做是一种职责，不仅仅是作曲家的职责。将来，我希望我们会生活在

① Motown，指美国第一家黑人开办的唱片公司 Tamla Motown 出版的音乐唱片。——译注
② Supremes，美国六十年代一支著名的女子演唱组，戴安娜·罗斯曾是其中的灵魂人物。——译注

一个高与低、贫与富的差异不会像今天这么大的美好世界里。"

现居阿姆斯特丹的安德里森，已经在一批年轻的叛逆音乐家中成了当之无愧的领袖。他们被他的反文化形象、左翼政治立场、对主流古典音乐机构的蔑视和极具原创性的音乐构造方法所吸引，纷纷涌向荷兰求教、探讨和寻求指导。史蒂夫·马特兰的音乐风格和极端的反叛气质不可能脱离安德里森而存在；他的三个弟子，大卫·朗、茱莉亚·沃尔夫和迈克尔·戈顿创办的纽约砸罐音乐节也是如此。虽然已年近六旬，这位荷兰作曲家一定为自己仍在制造的各种麻烦而深感满意。

无论从地理上来说，还是从风格上来说，阿沃·帕特与本书所罗列的其他作曲家都很不同。有些人或许会抗议把他的音乐也归到"简约主义"的名目之下。相比简约主义者，帕特更应该被称作新中世纪主义者，帕特作品的主体用一种既古且今的语言讲述着某种灵性的价值观。在我们这个极端世俗化

现代主义画家彼埃·蒙德里安的作品《红色、黄色与蓝色的作品》（1937），他是风格派运动的成员。蒙德里安横平竖直的画布启发了安德里森写作了音乐作品《风格》

的时代,帕特的音乐透出一种宁静的宗教气息,拒绝被卷进二　209
十世纪后期风格的动荡之中。

　　但他的这种宁静并非轻易得来。一次次斗争的伤痕不仅
锁在他紧蹙的眉头之间,也淡淡地为他的音乐染上一层伤感。
1935 年生于爱沙尼亚派德的帕特,成长于苏联所推行的无神论
思想环境中。

　　当他八岁时,他的母亲和继父搬进了一所大房子,里面有
一台钢琴,他便开始了最初的学习。由于那台琴中间的部分已
经严重衰退,他对音乐的探索不得不集中于最高和最低的音
域。但直到他发现当地镇中心广场的高音喇叭常常播放一些
唱片时,才开始聆听乐队作品。于是,已经进入青春期的帕特
经常骑自行车来到广场,就为了多听一些乐队的声音。

　　挨过两年的义务兵役,在军乐队当鼓手后,直到 1958 年,　210
帕特才开始全面投入对音乐的学习。他考进了位于爱沙尼亚
首府塔林的音乐学院,发现作曲班的老师是格拉祖诺夫的学生
海诺·埃勒(1887—1970)。他还在爱沙尼亚国家广播电台找
到个音响编辑的职位,在这个位子上做了十年——尽管他非常
讨厌他被迫播放的绝大多数音乐。

　　尽管植根于俄罗斯后浪漫主义之中,埃勒应该是一个非常
开放的老师,因为他鼓励帕特广泛接触战后先锋艺术,这些都
是刚刚从西方涌进这个社会的。帕特早期的作品都是有调性
的,并且显示出普罗科菲耶夫和肖斯塔科维奇的影响,1960 年,
他就已经转向序列主义。《讣告》(1960)是他的第一部乐队作
品,也是爱沙尼亚的第一部十二音作品。不出意外,这部作品
引来了苏联文化部门的严厉批评,在他们看来,序列主义是败
坏的,是反社会主义的。“当时在高层有很强的批评意见。”帕
特在 1988 年回忆说:“没什么比所谓的西方影响更坏的事情
了,十二音显然属于这种情况。”

　　然而,帕特也没有在序列主义上停留太久。他的《无穷动》
(1963)和《第一交响曲》(1964),虽然都是序列主义音乐,但其
密实的织体和近乎凶暴的特征直指波兰音色主义,如潘德雷茨
基和利盖蒂的作品。帕特很快离开了严格序列主义,开始尝试
更为多元的先锋语汇,一种结合了序列主义、拼贴、引用甚至偶

然因素的新方式。他的《BACH 拼贴》(1964)直接用巴赫的萨拉班德进行解构；他的《第二交响曲》(1966)结尾则是完全引用柴科夫斯基的儿童作品，并用杂音对它加以冲击；他的大提琴协奏曲《正与反》(1966)包含许多巴洛克音乐片段。显然，帕特正在寻找序列主义的出路，但他还不清楚自己究竟该往何处去。

211

1963 年，帕特从音乐学院毕业，到 1968 年，他已经可以辞去广播电台的工作而成为全职作曲家。接下去的十年里，他为大约五十部电影谱写配乐，这让他有机会接触更自由的音乐风格。但直到他找到自己的宗教信仰时，才算是找到了属于自己的声音。

1968 年，帕特为钢琴、合唱和乐队谱写了《信经》，这部作品从引用著名的巴赫《平均律键盘曲集》第一卷《C 大调前奏曲》开始。他逐渐对巴赫的音乐进行肢解，直到达到一个声嘶力竭的高潮——随后他让纯净的《C 大调前奏曲》再次缓缓流淌。这似乎意味着帕特在向繁复的先锋派告别，重新拥抱调性音乐那纯粹的力量。

苏维埃政府当然鼓励这种风格上的取舍，但他们并不支持《信经》中直白的宗教文本，特别是那么公开地宣告："我信耶稣基督。"因此，这部作品被禁演，帕特也被带去审查其政治倾向。"我并没有什么政治企图，"他后来回忆说，"但他们真的问我，《信经》究竟带有怎样的政治目的。"

部分因为他与当局的紧张关系，部分因为他要思考自己接下来的创作该采用怎样的风格，帕特进入了他的第一个创作静默期。接下去的两年，他什么都没写，潜心钻研中世纪与文艺复兴音乐。他考察了看似简单的格里高利圣咏旋律、简朴的十三世纪圣母院奥尔加农和文艺复兴弥撒，以及奥布莱希特、奥克冈和若斯坎的经文歌。"格里高利圣咏教了我，单是把两三个音符结合在一起就能蕴藏巨大的奥秘，"1988 年时他说，"那是十二音作曲家所不知道的。"七十年代，帕特作为作曲家只发了一次声音。他的《第三交响曲》(1971)充斥着浓烈的和声与十四、十五世纪音乐才有的复杂对位。帕特称这部作品是"快乐的音乐"，但远不是"我绝望和探索的终点"。

　　他的探索又持续了五年多，期间帕特几乎完全陷入沉寂。他继续沉浸在中世纪和文艺复兴音乐里，并且开始和爱沙尼亚的早期音乐团体"花园乐团"合作。七十年代中期，他第一次听 *212* 到史蒂夫·赖什的音乐，一定被这种极新的音乐和他研究的极旧的音乐之间的相似度震惊了——两者都体现了结构上的繁复和音乐元素的极端精简。

　　1976 年，帕特重新推出作品，似乎完全变了一个人——坚定的宗教信仰和对那种尽可能简单的音乐表达方式的坚定信仰让他重生。不必说，他的复出并没有让官方高兴。这时，官方的那些作曲家刚刚开始小心翼翼地接触帕特早在十多年前就抛弃了的序列主义。"当他们中百分之九十九的人开始搞十二音的时候，我创造了自己的叮当风格，于是他们再次宣布我疯了。"

　　帕特说的叮当风格源自拉丁词摇铃铛。虽然他在七十年代末的作品中常常使用铃声或者钟声，但他更可能是在用一种比喻的方式说话，他意指自己的音乐由一种纯净的元素化要素构成。

　　然而，苏联的文化氛围同时敌视帕特的新的简单风格和他旧的宗教信仰，七十年代中期他开始考虑移民。由于帕特的妻子诺拉有犹太血统，因而他们可以申请一个出国的签证，公开的目的地是以色列。1980 年 1 月，帕特和他的妻子孩子抵达维也纳，1981 年 9 月举家迁到西柏林。虽然名义上他是奥地利公民，但帕特仍然定居在德国首都。

　　直到 1984 年，帕特在 ECM 发行了第一张专辑，他的音乐才为广大受众聆听。这张专辑包含了三首 1977 年创作的叮当风格作品——《兄弟》《追忆本杰明·布里顿的歌》和《无字碑》，全世界的听众和批评家都对这些作品印象深刻。但这一切只是增添了围绕阿沃·帕特的神秘感。这个蓄着长长黑胡子、高额头、眼窝深陷的家伙是谁？他看起来像是个"旧约"时代的先知。这种漫长的、没有先例的音乐究竟从何而来？

　　当然，将这三部器乐作品看作美国简约主义在东欧的旁枝并非没有道理。因为帕特的这些新作品和简约主义一样，体现 *214* 出对音乐手段的极度精简。此时，他已抛弃了早期作品中的复杂、不协和和强对比的特点。取而代之的是最简单的形态,调性语言的核心元素——音阶、三和弦和琶音,以静态的方式在空灵的织体和偏好长时间寂静的背景下呈现。如果这也能被算作简约主义,那也是与赖什或格拉斯式的疾风烈火般、受流行音乐影响较多的简约主义有着巨大差距的简约主义。

《兄弟》有一个空五度低音嗡鸣;在这个嗡鸣声上方,旋律蜿蜒盘旋直至高潮然后逐渐遁入空无。《追忆本杰明·布里顿的歌》更简单,由一个下行小调音阶构成,弦乐器以不同但交错的速度加以演奏,孤独的丧钟声点缀其间。《无字碑》以双小提琴和乐队构成的巴洛克大协奏曲风格写成,充满被拆解成小三和弦的维瓦尔第式的琶音。但这三部作品都具有一种纤弱、轻微的,介于有声与无声之间的质朴——叙述着在踏进我们这个忙碌而纷繁的新时代时所隐约感到的踌躇。

215 对页:如同"旧约"时代先知一般的作曲家:阿沃·帕特摆出标志性谜一般的表情

离群索居的帕特拒绝接受任何采访,而他那些高深莫测的声明往往令他的行事方式不是更为人理解而是更加疑云重重。但这里,我们有必要引用一下他对自己的"叮当风格"的论述,因为其中包含的精神追求感,确定了对这种独特音乐语汇的探索。

"叮当风格,是每当我想要为我的人生、音乐、作品找到答案时都会回归的一个领域。"他在 1984 年时说:"每当我心情低落时,我明确地感觉到,除了这种风格,其他一切都没有意义。复杂性和多元性只会令我困惑,我要追寻一种统一。究竟是什么,我要怎样才能接近这个统一? 这个完美事物的踪迹有很多种伪装——其他不重要的东西都消失了。叮当风格就像是这么个东西。我在其中归于寂静。我觉得,哪怕只有一个音,只要它得到完美的演奏就足够了。这个音或是一个休止符,或是一段无声,都能让我感到舒适。我用很少的因素创作一个声部或是两个声部。我用最原始的素材创作——只用一个三和弦,或者一个特定的调性。三和弦的三个音就像是钟声,于是我管这种写法叫叮当风格。"

1987 年,ECM 出版了帕特的第二张专辑《树》,于是,上一张器乐专辑造成的错觉变得明显了。他的音乐与其说受到发源于美国吵闹的世俗简约主义的影响,不如说得自宗教方面,

包括他对西方圣咏传统的研究和他所熟悉的俄罗斯东正教仪式的影响。对手段的精简和表面上的单纯使这种音乐貌似简约主义。但它希望最大限度地,从单个音中挤出强烈的情感(以及灼热的灵性),已经把简约主义抛在了后面。

近年来,帕特几乎全部投身于创作拉丁语宗教音乐。八十年代以来的三部大型作品——《受难曲》(1982)、《圣母悼歌》(1985)和《求主垂怜》(1989)——都和基督受难有关,非常适合他音乐中的悲剧气质。然而,帕特和十九世纪浪漫主义或二十世纪表现主义者不同,他用极端克制、近乎非现实的方式处理这个题材,对文本的非说明性处理更接近中世纪的方法。不是说这些音乐缺少感情色彩,只是其中的凄美感缓缓积累——从看似简单,却有着灵性力量、近乎无情的重复结构当中。

比方长达七十一分钟的《受难曲》,其文本根据"约翰福音"的受难部分写成。帕特的写法如此质朴,批评家彼得·戴维斯说:"相形之下,它令巴赫那部著名的复活节节庆剧变成了普契尼感情泛滥的音乐戏剧。"实际上,帕特努力中和了"新约"文本

阿沃·帕特与希利亚德合唱团的保罗·希勒就《求主垂怜》的演出进行讨论,这是在为1990年ECM录制这部作品进行的排练期间

216

中固有的戏剧性。福音书作者的叙述段落不是交给一个独唱演员，而是一组四重唱，用极其简单的声音咏唱这些文本，他们有节奏的齐唱令人联想到圣咏和早期奥尔加农。四件独奏乐器依次跟进（不是以对位的方式）这四个人声。耶稣由一个独唱在管风琴伴奏下代表；彼拉多是一个男高音；群众场景则并无新奇地交给了合唱团。

但在整部作品进行过程中，没有戏剧性冲突和高潮点；它只是有条不紊地在叙述和沉思之间交替前行。虽然这种半透明的语汇——由暗淡小三和弦和小调音阶、缓慢而持续的等分节奏构成——乍一看像是仿中世纪的音乐，但帕特时不时扔进一些不协和的声音，提醒我们这是一部二十世纪作品。最后，合唱团回归演唱总结性的众赞歌"为我们受苦的，垂怜我们"。直到这时，帕特才第一次使用大调，声乐部分放射出超验的曙光。这是这部空前的二十世纪音乐作品的顶点。

帕特对名利看得很淡，情愿住在柏林宁静而简单的市郊、和家人在一起、参加东正教会的礼拜、在绝对的孤独中创作。他采用"叮当风格"的语汇并非一帆风顺；但事实上这种语言为他赢得了商业上的成功，似乎无可逆转。

帕特并非在外与政治压迫斗争、在内与信仰危机斗争的孤例。他也并非唯一一个将简约因素和东正教的狂热神秘主义以及东欧民间音乐不朽声乐结合的第一人。类似的综合可以在波兰作曲家亨利克·古雷斯基（特别是他 1976 年创作的广受欢迎的《第三交响曲》）、格鲁吉亚作曲家吉亚·坎切利和英国作曲家约翰·塔夫那的作品里找到。事实上，一个全新的标签——"宗教简约主义"——被用来贴在这几位作曲家身上，以示与他们那过分活跃的美国兄弟们的区别。 *217*

然而，帕特的成就仍是最杰出的。他的音乐既不属于这个时代，从某种程度上说，也不属于这个世界。它从另一个领域飘然而至，采用近乎原始的素材。它给我们一个休憩的时间，缓解我们的忧伤并且提供了一个升华的可能。然后它又悄然逝去，升到它降临的那个高度。它们究竟是不是简约主义似乎已经不再重要。

作品分类列表

以下列表(作曲家按照姓氏字母顺序排列)基于作曲家们的出版商 Boosey & Hawkes(赖什、亚当斯、安德里森)、Dunvagen Music/Schirmer(格拉斯)、Chester(奈曼)和环球/欧美(帕特)。至于杨、赖利和蒙克,我采用了作曲家提供的材料对《新格罗夫美国音乐辞典》(伦敦、纽约,麦克米伦出版社,1986)的作品表加以补充。赖什和格拉斯的内容理所当然地完整,其他作曲家的相对经过精心挑选。虽然,作品基本上按照类型归类(比如音乐戏剧、乐队作品、声乐/合唱等),但在某些情况下(比如蒙克的作品),分类就不太适合,因为这些作品几乎都是跨媒体的。括号中的日期是创作日期;"fp"显示首次公演的日期,凡出版商提供这些细节信息的,都加以罗列了。[1]

约翰·亚当斯

歌剧

《尼克松在中国》,三幕歌剧,脚本由爱丽丝·古德曼创作(1987);首演于得克萨斯州休斯敦,1987 年 10 月 22 日

《克林霍夫之死》,两幕歌剧,脚本由爱丽丝·古德曼创作(1990);首演于比利时布鲁塞尔,1991 年 3 月 19 日

＊《当我望向天花板时,我看到了天空》,歌戏[2],词作者朱恩·乔丹(1995)

＊《圣婴》,歌剧-清唱剧,脚本由《圣经》选段和诸多诗人的诗作编撰而成(2000);首演于法国巴黎,2000 年 12 月 15 日

＊《原子博士》,两幕歌剧,脚本由彼得·塞拉斯根据曼哈顿计划相关文档节选(2005);首演于加利福尼亚州旧金山,2005 年 10 月 1 日

＊《开花的树》,两幕歌剧,脚本由亚当斯和塞拉斯创作(2006);首演于奥地利维也纳,2006 年 11 月 14 日

＊《另一位玛利亚的福音》,歌剧-清唱剧,脚本由彼得·塞拉斯根据《圣经》和著名诗人的诗作编撰而成(2012);首演于加利福尼亚州洛杉矶,2013 年 3 月 7 日

＊《黄金西部的女孩们》,两幕歌剧,脚本由彼得·塞拉斯创作(2017),首演于旧金山,2017 年 11 月 21 日

乐队作品/声乐与乐队作品/大型合奏音乐

《震颤派循环》,为弦乐队而作(1978 年,

---

[1] 鉴于所有作曲家仍然在世,本书英文版出版之后创作和首演的重要作品以＊标出,排列在各个分类之后。——译注

[2] 作曲家称这部作品为"歌戏",是配以表演的一系列歌曲的意思。——译注

1983 年修订）；1983 年 4 月 26 日首演

《简单节拍的共鸣》（1979）；首演于旧金山，1980 年 1 月 28 日

《风琴》，为合唱与乐队而作，约翰·多恩和艾米丽·迪金森的诗（1980—1981）；首演于旧金山，1981 年 4 月 15 日

《自动钢琴音乐》，为木管乐队、三件打击乐、两架钢琴、三个经过处理的女声创作（1981—1982）；首演于旧金山，1982 年 2 月 26 日

《和声学》（1984—1985）；首演于旧金山，1985 年 3 月 21 日

《主席之舞》（乐队狐步舞，1985）；首演于威斯康星州密尔沃基，1986 年 1 月 31 日

《快速机器上的短暂骑行》（1986）；首演于马萨诸塞州曼斯菲尔德大林演艺中心①，1986 年 6 月 13 日

《远方号角》（1986）；首演于休斯敦，1986 年 4 月 4 日

《可怕的对称》，为乐队或室内乐团而作（1988）；首演于纽约，1988 年 10 月 29 日

《爱欲钢琴》，为钢琴与乐队或室内乐团而作（1989）；首演于英国伦敦，1989 年 11 月 24 日

《伤口包扎者》，为男中音和乐队或室内乐团而作，歌词采用惠特曼的诗歌（1989）；首演于明尼苏达州圣保罗，1989 年 2 月 24 日

《富庶之乡》，为乐队而作（1991）；首演于旧金山，1991 年 11 月 11 日

《室内交响曲》，为十五位演奏家而作（1992）；首演于荷兰海牙，1993 年 1 月 17 日

《小提琴协奏曲》，为小提琴与乐队而作（1993）；首演于明尼苏达州明尼阿波利斯，1994 年 1 月 19 日

* 《斯洛尼姆斯基的耳机盒》（1996）；首演于英国曼彻斯特，1996 年 9 月 11 日

* 《世纪之卷》，钢琴协奏曲（1997）；首演于俄亥俄州克里夫兰，1997 年 9 月 25 日

* 《单纯与感伤的音乐》（1998）；首演于洛杉矶，1999 年 2 月 19 日

* 《怪异地点指南》（2001）；首演于荷兰阿姆斯特丹，2001 年 10 月 6 日

* 《我父亲认识查尔斯·艾夫斯》（2003）；首演于旧金山，2003 年 4 月 30 日

* 《大苏尔的佛法》，电小提琴协奏曲（2003）；首演于洛杉矶，2003 年

* 《原子博士交响曲》（2007）；首演于伦敦，2007 年 8 月 21 日

* 《北方城市》（2009）；首演于 2009 年 10 月 8 日

* 《纯粹笑话》，为弦乐四重奏与乐队而作的协奏曲（2012）；首演于旧金山，

---

① 大林演艺中心现在已改名为 Xfinity Center（极限中心），是一处可容纳万余人，包含室内和室外不同演艺场所的文化表演场馆。——译注

2012 年 3 月 15 日

* 《萨克斯管协奏曲》，为女低音、萨克斯管与乐队而作（2013）；首演于澳大利亚悉尼，2013 年 8 月 22 日

* 《天方夜谭 2》，为独奏小提琴与乐队而作的协奏曲（2015）；首演于纽约，2015 年 3 月 26 日

室内乐/器乐独奏

《弗里吉亚之门》，为钢琴而作（1977）；首演于旧金山，1978 年 3 月 17 日

《震颤派循环》，为弦乐七重奏而作（1978）；首演于旧金山，1978 年 12 月 13 日

《约翰的所谓舞蹈书》，为弦乐四重奏和足控效果器而作（1994）；首演于加利福尼亚州艾斯孔蒂朵，1994 年 11 月 19 日

* 《室内交响曲》（1992）；首演于旧金山，1993 年 1 月 17 日

* 《第一弦乐四重奏》（2008）；首演于纽约，2009 年 1 月 29 日

* 《第二弦乐四重奏》（2014）

路易斯·安德里森①

歌剧/音乐戏剧

《此事》，为独唱女高音和男高音、两位叙事者、八个人声和大乐队而作，罗伯特·威尔逊合作（1985—1988）；首演于阿姆斯特丹，1989 年 6 月 1 日

《罗萨》，以彼得·格林纳威的戏剧为剧本（1994）；首演于阿姆斯特丹，1994 年

《致维米尔》，六场歌剧，脚本作者是彼得·格林纳威（1997—1998）；首演于阿姆斯特丹，1999 年 12 月 1 日

乐队作品/大型合奏音乐

《时间错位 I》，为大乐队而作（1966—1967）；首演于荷兰鹿特丹，1968 年 1 月 18 日

* 《时间错位 II》，为双簧管与室内乐团而作（1969）

《国》，为四位女声和大乐队而作，采用柏拉图著作节选为唱词（1972—1976）；首演于阿姆斯特丹，1976 年 11 月 28 日

《咽音》，为两组器乐而作（1975—1977）；首演于海牙，1976 年 5 月 31 日。

《时间》，为女声合唱与大乐队而作，采用奥古斯丁《忏悔录》第二卷第二章节选为词（1980—1981）；首演于旧金山，1984 年 1 月 11 日

《风格》（《此事》第三部分），为四位女声、一位女性朗诵者和大乐队而作，采用苏恩梅克尔和范·多姆塞拉-密德尔库珀夫人的文字为词（1984—1985）；首演于阿姆斯特丹，1985 年 6 月 9 日

《M 代表男人、音乐、莫扎特》，为爵士歌手与大乐队而作，为彼得·格林纳威的视频而作的配乐（1991）；首演于荷兰乌特勒支，1991 年 9 月 22 日

---

① 作者并未罗列安德里森受简约主义影响以前的一些作品，翻译时，译者也并未补充这些早期作品，尽管其中有些具有很大的规模和重要的地位。——译注

菲利普·格拉斯

以下列表略去了作曲家的习作（就格拉斯而言，这意味着所有 1965 年前的作品）。PGE 指为菲利普·格拉斯合奏团创作的作品。

歌剧/音乐戏剧/多媒体音乐

《海滩上的爱因斯坦》，四幕歌剧，PGE，为独唱与合唱，罗伯特·威尔逊编剧（1975—1976）；首演于法国阿维尼翁，1976 年 7 月 25 日

《舞蹈》，PGE，与鲁欣达·柴尔兹和雕塑家索尔·勒维合作（1979）

《牧歌剧》，为六个人声、小提琴与中提琴而作（1980）；首演于荷兰，1980 年

《非暴力不合作》，三幕歌剧，为大乐队、合唱与独唱而作（1980）；首演于鹿特丹，1980 年 9 月 5 日

《照相师》，为室内乐团而作，与导演-作家罗伯·马拉什合作剧本（1982）；首演于阿姆斯特丹，1982 年 6 月

《内战 S》（罗马部分），由序幕和三场构成的歌剧，罗伯特·威尔逊剧本（1983）；首演于意大利罗马，1984 年 3 月 22 日

《埃赫那顿》，三幕歌剧，为大乐队、合唱与独唱而作（1984）；首演于德国斯图加特，1984 年 3 月 24 日

《桧树》，两幕歌剧，根据格林兄弟的故事改编，脚本由亚瑟·约金斯创作，与作曲家罗伯特·莫兰合写（1984）；首演于马萨诸塞州剑桥

为塞缪尔·贝克特的《同伴》而作的音乐，弦乐四重奏（1984）

《漩涡沉浮记》，PGE（1985）

《楼上的房间》，为特怀尔·撒普创作的舞蹈音乐（1986）

《第八号行星代表的产生》，根据多丽丝·莱辛的小说创作的三幕歌剧（1986）；首演于休斯敦，1986 年

《屋顶上的 1000 架飞机》，歌剧（1988）；首演于维也纳，1988 年 7 月 15 日

《厄舍尔大厦的倾颓》[①]，歌剧（1988）；首演于剑桥，1988 年 5 月 18 日

《氢点唱机》，根据金斯堡诗作创作的歌剧（1990）；首演于南卡罗来纳州卡尔斯敦，1990 年 5 月 26 日

为让·日奈的剧作《屏风》而作的配乐（1990）

《神秘和什么这么好笑的音乐》，为大卫·歌顿舞蹈谱写的音乐（1991）

《白乌鸦》，罗伯特·威尔逊编撰的剧本，为独唱、合唱与乐队而作（1991）

《航行》，大卫·亨利·黄（即黄哲伦——译者）所作的剧本；首演于纽约，1992 年 10 月 12 日

《奥菲欧》，根据让·科克托的影片谱写的歌剧（1993）

《沃采克》，为格奥尔格·毕希纳的戏剧谱写的配乐（1993）

---

① 根据爱伦坡小说改编。——译注

《美女与野兽》，用让·科克托的影片为素材创作的歌剧（1994）

《魔童》，为小合奏、独奏与舞者创作，根据让·科克托的小说改编（1996）

《第三、第四、第五区的联姻》，两幕歌剧，根据多丽丝·莱辛的小说改编（1997）；首演于德国海德堡，1997 年 5 月 10 日

《神圣的鬼魂》，歌剧，罗伯特·威尔逊制作（1997）；首演于洛杉矶，1998 年 4 月 15 日

《在流放地》，根据卡夫卡的小说创作的室内歌剧（2000）；首演于华盛顿州西雅图，2000 年 8 月 31 日

《伽利莱·伽利略》，为大乐队和独唱演员创作的十场歌剧（2001）；首演于伊利诺伊州芝加哥，2002 年 6 月 24 日

＊《声之声》，根据黄哲伦的剧本所写的歌剧（2003）；首演于剑桥，2003 年 5 月 24 日

＊《开普勒》，歌剧，玛蒂娜·温克尔创作脚本（2009）；首演于奥地利林茨，2009 年 9 月 20 日

＊《完美的美国人》，两幕歌剧，根据彼得·史蒂芬·荣克的小说《美国之王》改编；首演于西班牙马德里，2013 年 1 月 22 日

＊《审判》，根据卡夫卡小说改编的歌剧（2014）；首演于伦敦，2014 年 10 月 10 日

乐队作品

《内战》（科隆部分），为乐队和可选择的合唱团创作（1984）；首演于德国科隆，1984 年 1 月

《奥林匹亚》，为合唱与乐队而作（1984）；首演于洛杉矶，1984 年

《小提琴协奏曲》（1987）；首演于纽约，1987 年 4 月 5 日

《光》（1987）；首演于克里夫兰，1988 年 2 月 7 日

《峡谷》（1988）；首演于鹿特丹，1988 年 10 月 18 日

《伊泰普》，为合唱与乐队而作（1989）；首演于佐治亚州亚特兰大，1989 年 11 月 2 日—4 日

《大协奏曲》（1992）

《"低谷"交响曲》，根据大卫·鲍伊《低》的主题创作（1992）

《第二交响曲》（1994）；首演于纽约，1994 年 10 月 14 日

《第三交响曲》（1995）

《为萨克斯管四重奏与乐队而作的协奏曲》（1995）

《第四交响曲"英雄"》（1996），根据大卫·鲍伊和布莱恩·伊诺的主题所作

《第五交响曲》（1999）；首演于奥地利萨尔茨堡，1999 年 8 月 28 日

《大提琴协奏曲》（2001）；首演于中国北京，2001 年 10 月 21 日

《第六交响曲"冥王颂"》，采用金斯堡的诗歌为词（2002）；首演于纽约，2002 年 2 月 3 日

＊《第一钢琴协奏曲》（2000）

＊《双定音鼓幻想协奏曲》（2000）

＊《第二钢琴协奏曲》（2004）

＊《第七交响曲"托尔特克"》(2005)；
首演于纽约，2005 年 1 月 20 日

＊《第八交响曲》(2005)；首演于纽约，
2005 年 11 月 2 日

＊《拉玛克里施纳受难记》(2006)，为
合唱与乐队而作

＊《第二小提琴协奏曲"美国四季"》
(2009)

＊《小提琴与大提琴双重协奏曲》
(2010)

＊《第九交响曲》(2011)；首演于林茨，
2012 年 1 月 1 日

＊《第十交响曲》(2012)；首演于法国
普罗旺斯的埃克斯，2012 年 8 月 9 日

＊《第二大提琴协奏曲》，根据电影《战
争生活》配乐改写(2012)

＊《双钢琴协奏曲》(2015)

＊《第十一交响曲》(2017)；首演于纽
约，2017 年 1 月 31 日

室内乐/器乐

《剧》，为塞缪尔·贝克特《剧》所作的配
乐，两支高音萨克斯管(1965)

《第一弦乐四重奏》(1966)

《进进出出》，为双钢琴而作(1967)

《方形音乐》，为两支长笛(1967)

《一加一》，扩音的台面(1967)

《串》，扩音独奏小提琴(1967)

《两页》，电子键盘(1968)

《反向音乐》，PGE (1969)

《同向音乐》，PGE (1969)

《变化声部的音乐》，PGE (1970)

《重温和声》，第一、第二部分，PGE
(1975)

《格拉斯出品》，PGE (1981)，为 CBS 录
制"杰作"系列创作

《第二弦乐四重奏》，从《同伴》中截取的
音乐(1984)

《第三弦乐四重奏》，电影《三岛由纪夫》
配乐改编(1985)

《钢琴变形曲》(1989)

《第四弦乐四重奏"巴扎克"》(1989)

《第五弦乐四重奏》(1991)

《吸血鬼》，弦乐四重奏，为托德·布朗
宁 1931 年影片配乐改写(1998)

＊《小提琴与钢琴奏鸣曲》(2008)

＊《独奏大提琴的歌与诗》，一(2005—
2007)，二(2010)

＊《钢琴练习曲》，第一卷(1994—
1995)，第二卷(2012)

＊《独奏小提琴帕蒂塔》(2010—2011)

＊《轨迹》(2013)；首演于纽约，2013 年
4 月 2 日

＊《第六弦乐四重奏》(2013)

＊《第七弦乐四重奏》(2014)

＊《低音提琴独奏帕蒂塔》(2015)

声乐作品

《动荡岁月的歌》，采用劳里·安德森、
大卫·布莱恩、保罗·西蒙和苏珊妮·
维嘉的歌词而作的声乐套曲(1985)

＊《夜间厨房》，为人声与室内乐团
(2005)

＊《渴望之书》，为独唱与室内乐团
(2007)

电影音乐

《北方之星》，为纪录片《雕塑家马克·迪·苏维罗》所作的配乐，影片由弗朗索瓦·德·美尼尔和芭芭拉·罗斯拍摄（1977）

《失衡生活》，为戈德弗雷·雷吉奥的电影所作的配乐（1982）

《三岛由纪夫》，为同名电影所作的配乐，保罗·施雷德导演，保罗与伦纳德·施雷德编剧（1984）

《变形生活》，为戈德弗雷·雷吉奥的电影所作的配乐（1987）

《细蓝线》，为埃罗尔·莫里斯的影片所作的配乐（1988），音乐会版首演于剑桥，1988年5月18日

《世界之灵》，为戈德弗雷·雷吉奥影片所作的配乐（1992）

《时间简史》，为埃罗尔·莫里斯的影片所作的配乐（1992）

《战争生活》，为戈德弗雷·雷吉奥影片所作的配乐（2002）

《战争迷雾》，为埃罗尔·莫里斯影片所作的配乐（2002）

《时间》，为史蒂芬·达德利的影片所作的配乐（2002）

＊《火星漫游》，乔治·巴特勒的影片（2006）

＊《魔术师》，尼尔·伯格导演的影片（2006）

＊《丑闻笔记》，理查德·艾尔导演

（2006）

＊《美味不设防》，斯科特·希克斯的影片（2007）

＊《卡桑德拉之梦》，伍迪·艾伦导演的影片（2007）

梅乐迪·蒙克

声乐/合唱/多媒体

《果汁》，戏剧康塔塔，为八十五个人声、口簧和两把小提琴而作（1969）

《器皿》，史诗歌剧，为七十五个人声、电子管风琴、扬琴和手风琴而作（1971）

《女童教育，一部歌剧》，为六个人声、电子管风琴和钢琴而作（1972—1973）

《采石场，一部歌剧》，为三十八个人声、两台踏板风琴、两支高音竖笛和录音带而作（1976）

《近期废墟》，为十四个人声、录音带和大提琴而作（1979）

《墓石牌坊音乐》，为六个人声、钢琴、小提琴、大提琴和打击乐而作（1979—1981）

《乌龟梦》，为四个人声和两台电风琴而作（1980—1981）

《抽样日》[1]，为十四个人声、钢琴和两架电风琴而作（1981）

《游戏》，为十六个人声、合成器、键盘、佛兰德风笛、风笛、中国号与德国芦笛而作（1983）

《你要……》为十个人声、两台钢琴、合

---

[1] 国内有译作"实验年代"，但从原名（*Specimen Days*）来看，应为"抽样日"。——译注

成器、小提琴和风笛而作(1987)

《响铃的地方》，为九个人声而作(1987)

《日书》，为十二个人声、合成器、大提琴、风笛、手摇风琴、钢琴和敲击扬琴而作(1990 年录音版)；十个人声、大提琴、绍姆管、合成器、敲击扬琴、风笛和手摇风琴(1988 年录像版)

《面朝北方》，为两个人声与录音带(1990)

《阿特拉斯，三部分的歌剧》，为十八个人声与乐队而作(1991)

《定制》：1. 草原音乐，独奏钢琴；2. 火山之歌，两个人声；3. 圣彼得堡圆舞曲，独奏钢琴与两个人声；4. 纽约安魂曲(汤姆布鲁斯)，独奏钢琴与人声(1993)

＊《安静的政治》，为十个人声、两个键盘、圆号、小提琴和弓弦诗琴所作(1996)

＊《魔术频率》，为六个人声、两个键盘、打击乐、特尔敏琴和小提琴而作(1998)

＊《怜悯》，为七个人声、两个键盘、打击乐、多件木管乐器和小提琴而作(2001)

＊《当还有劳动歌曲时》，为合唱团而作(2002)

＊《弦歌》，为弦乐四重奏而作(2004)

＊《夜》，为八个人声、弓弦诗琴、室内乐团而作(2005)

＊《升天之歌》，为小合唱团、木管乐器、打击乐和弦乐四重奏而作(2006)

＊《编织》，为独唱、合唱与乐队而作(2010)

＊《针脚》，为九个人声而作(2011)

＊《以自然之名》，为八个人声、小提琴、键盘、法国号、单簧管、木制长笛、颤音琴、马林巴和打击乐而作(2013)

麦克·奈曼

音乐戏剧

《误把妻子当帽子的男人》，室内歌剧，脚本作者克里斯托弗·劳伦斯，根据奥利佛·萨克斯的论著改编(1987)

《信、谜与令状》，电视歌剧，杰利米·纽森根据《莫扎特》改编(1991)；首映于 1991 年 11 月 10 日；音乐会首演于伦敦，1992 年 6 月 24 日

《面对戈雅》，歌剧(2000 年；2002 年为德国卡尔斯鲁厄巴登州剧院演出改写)

＊《男人与男孩，达达》，三幕歌剧(2003)；首演于卡尔斯鲁厄，2004 年 3 月 13 日

＊《爱情有戏》(2005)；首演于卡尔斯鲁厄，2005 年 3 月 12 日

乐队作品

《野蜂起舞处》，高音萨克斯管与乐队协奏曲(1991)；首演于英国切尔滕纳姆，1991 年 7 月 13 日

MGV (1993)；首演于法国里尔，1993 年 9 月 26 日

《钢琴协奏曲》(1993)；首演于里尔，1993 年 9 月 26 日

《羽管键琴与弦乐协奏曲》(1995)；首演于伦敦，1995 年 4 月 29 日

《萨克斯管、大提琴双重协奏曲》(1997)；首演于伦敦，1997 年 3 月 8 日

《小提琴协奏曲》(2003)；首演于德国汉堡，2003 年 8 月 29 日

＊《第六交响曲"AHAE"》，2013 年

声乐作品

《六首策兰歌曲》，为低音女声与小乐队而作(1990)；首演于阿姆斯特丹，1992 年 2 月 1 日

《爱瑞尔之歌》，为女高音(或次女高音)和小乐队而作，采用莎士比亚的诗词(1990—1991)；首演于伦敦，1991 年

《伊南娜对自己与自己权能的颂赞》，为假声男高音和维奥尔琴而作，采用克雷默翻译的古代东方诗词(1992)；首演于伦敦，1992 年 6 月 11 日

＊《美女行动》，为女高音和小乐队而作，声乐套曲，2006 年

＊《琉特琴歌曲》，为女高音和小乐队而作的声乐套曲，采用彼得罗·阿伦蒂诺的十四行诗，2007 年

＊《战争作品：带影片的八首歌》，为纪念第一次世界大战 100 周年而作，2014 年

室内乐/器乐音乐

《"Re"上的唐璜》，为小乐队而作(1977)；首演于伦敦，1977 年

《慢慢想，快快做》，为双风笛、双次中音萨克斯管、双钢琴、双低音吉他和两位打击乐手而作(1981)；首演于伦敦，1981 年

《我要用我的提琴赌一只口簧》，为电声小提琴、中提琴和人声创作(1983)；首演于莱斯特，1983 年

《第一弦乐四重奏》(1985)；首演于伦敦，1985 年 11 月 3 日

《动物园随想》，为独奏小提琴(1985)；首演于巴黎，1986 年 4 月 8 日

《排成行再走一遍》，为双钢琴而作(1986)；首演于伦敦，1986 年

《第二弦乐四重奏》(1988)；首演于伦敦，1988 年 9 月 15 日

《画曲线》，为高音萨克斯管和钢琴而作(1990)；首演于 1990 年

《第三弦乐四重奏》(1990)；首演于伦敦，1990 年 2 月 16 日

《化妆咏叹调》，为铜管五重奏(1991)；首演于英国剑桥，1991 年

《琉特琴弦的变化》，为独奏羽管键琴而作(1992)；首演于伦敦，1992 年 11 月 17 日

《致约翰·凯奇》，为十件铜管乐器的小合奏而作(1992)；首演于英国阿什福德，1992 年 11 月 16 日

《再见弗兰基，再见班尼》，为小提琴、大提琴与钢琴而作(1992)；首演于切尔滕纳姆，1992 年 7 月 14 日

《干部消失了》，大乐队作品(1999)

电影音乐

《I-II》，为彼得·格林纳威的影片而作的配乐(1977)

《走过 H》，为彼得·格林纳威的影片而作的配乐(1977)

《重铸地貌》，为彼得·格林纳威的影片而作的配乐（1978）

《崩溃》，为彼得·格林纳威的影片而作的配乐（1980）

《画师的合同》，为彼得·格林纳威的影片而作的配乐（1982）；首演于英国爱丁堡，1983 年

《一个 Z 和两个 0》，为彼得·格林纳威的影片而作的配乐（1985）；首演于伦敦，1985 年

《挨个儿淹死》，为彼得·格林纳威的影片而作的配乐（1988）；首演于巴黎，1988 年

《厨师、窃贼、他的妻子和她的情人》，为彼得·格林纳威的影片而作的配乐（1989）

《普罗斯佩罗魔典》，为彼得·格林纳威的影片而作的配乐（1990）

《钢琴》，为简·坎皮昂的影片而作的配乐（1992）

《奇境》，为麦克尔·温特伯顿的影片而作的配乐（1999）

《雪岭传奇》，为麦克尔·温特伯顿的影片而作的配乐（2001）

阿沃·帕特

乐队作品

《死亡名册》作品 5（1960）

《无穷动》作品 10（1963）

《BACH 拼贴》为弦乐、双簧管、羽管键琴和钢琴而作（1964）

《第一交响曲》（1964）

《正与反》，为大提琴与乐队而作（1966）

《第二交响曲》（1966）

《信经》，为钢琴、合唱与乐队而作（1968）；首演于爱丁堡，1981 年 10 月 9 日

《第三交响曲》（1971）

《兄弟》，为弦乐队和打击乐而作（1977，1991 年修订）；首演于瑞典斯德哥尔摩，1983 年 4 月 29 日

《无字碑》，为双小提琴（或一把小提琴与一把中提琴）、弦乐队和预制钢琴而作的协奏曲（1977）；首演于苏联塔林，1977 年

《追忆本杰明·布里顿的歌》，为弦乐队和钟而作（1980）；首演于伦敦，1979 年 9 月[①]

《总集》，为弦乐队而作（1980—1990）

《从容不迫的》，为弦乐队和可替换的竖琴而作（1988，1990 年修订）；首演于芬兰赫尔辛基，1989 年 5 月 5 日

《兄弟》，为小提琴、弦乐队和打击乐而作（1977—1992）；首演于澳大利亚珀斯，1993 年 2 月 13 日

* 《我的道路》，为十四个演奏员与打击乐而作，1999 年

* 《第四交响曲"洛杉矶"》，2008 年

* 《天鹅之歌》，2013 年

---

① 根据《格罗夫音乐与音乐家辞典》，这部作品的完成日期为 1977 年。——译注

声乐/合唱

《我们曾在巴比伦的河边坐下》，诗篇137，为人声与器乐而作（1976—1984，1994 年修订）；首演于德国维滕，1984 年 4 月 28 日

《撒拉 90 岁时》，为三个人声而作（1977）；首演于纽约，1984 年 3 月 10 日

《自深处》，为男声合唱，可替换的打击乐与管风琴而作（1980）；首演于德国卡塞尔，1981 年 4 月 25 日

《约翰受难曲》，为男高音、男低音、声乐四重唱和器乐四重奏以及管风琴而作（1982）；首演于德国慕尼黑，1982 年 11 月 28 日

《唱了很多年》，女低音（或假声男高音）、小提琴与中提琴的经文歌（1984）

《感恩赞》，为三个合唱团、钢琴与录音带（风弦琴）和弦乐而作（1984—1985，1986 年修订）；首演于科隆，1985 年 1 月

《圣母悼歌》，为女高音、女中音、男高音、小提琴、中提琴和大提琴而作（1985）；首演于奥地利洛肯豪斯，1985 年 7 月 9 日

《圣母赞歌》，为无伴奏合唱而作（1989）；首演于斯图加特，1990 年 5 月 23 日

《求主垂怜》，为独唱、合唱、乐队和管风琴而作（1989，1990 年修订）；首演于法国鲁昂，1986 年 6 月 17 日

《总结》，为无伴奏合唱或独唱所作（1989—1990）；首演于维滕，1984 年 4 月 27 日[1]

《柏林弥撒》，为合唱或独唱与管风琴或弦乐队而作（1990，1991 年修订）；1990 年 5 月 24 日首演于德国柏林

《连祷，约翰·克里索斯通为每时每刻所写的祷告词》，为独唱、合唱与乐队而作（1994）；首演于俄勒冈州尤金，1994 年 6 月 24 日

《忏悔卡农》，为无伴奏合唱而作（1997），首演于科隆，1998 年 3 月 17 日

《如鹿切慕溪水》，为独唱或合唱与乐队（1998）；首演于斯德哥尔摩，2000 年 6 月 16 日

《渐次之歌》，为合唱与乐队而作（1999）；首演于摩纳哥，1999 年 11 月 19 日

＊《圣母颂》，为合唱与管风琴，2001 年

＊《平安颂》，为四声部合唱，2004 年

＊《施洗约翰之歌》，为牛津圣约翰大学合唱团而作，2005 年

＊《亚当哀歌》，为混声合唱与弦乐队而作，2009 年

室内乐/器乐

《致阿林娜》，钢琴（1976）

《兄弟》，室内乐版（1977）；首演于维也纳，1982 年 2 月 8 日

《兄弟》，大提琴与钢琴版（1977）；首演于德国希茨阿克，1989 年 7 月 30 日

《兄弟》，小提琴与钢琴版（1977—1980）；首演于萨尔茨堡，1981 年 8 月

---

[1] 此处首演日期，显然指的是其他版本的这部作品。——译注

17 日

《兄弟》，四、八或十二把大提琴版（1977—1983）；首演于柏林，1982 年 9 月 18 日

《兄弟》，弦乐四重奏版（1985）；首演于伦敦，1986 年 6 月 12 日

《摇摇树》，为八件铜管乐器和打击乐而作（1977—1986）；首演于加利福尼亚州阿普托斯，1987 年 7 月 27 日

《总集》，小提琴、双中提琴和大提琴版（1980—1990）

《总集》，弦乐四重奏版（1980—1991）

＊《帕萨卡里亚》，为小提琴与钢琴而作，2003 年

＊《致安娜·玛丽亚》，钢琴独奏，2006 年

史蒂夫·赖什

以下列表略去了作曲家的习作（对赖什而言，这意味着大多数 1965 年以前的创作）。

音乐戏剧

《洞》，三幕音乐与影像戏剧作品，采用《托拉》《古兰经》和纪实素材（1990—1993）；首演于维也纳，1993 年

《三个故事》，三幕视频歌剧（2002）；首演于维也纳，2002 年 5 月 12 日

乐队组合/人声与乐队/大型合奏音乐

《为大乐队写的音乐》（1978）；首演于荷兰，1979 年 6 月

《八行》（1979，1983 年修订），修订成八重奏版；首演于纽约，1983 年 12 月 10 日

《为木管乐、弦乐和键盘而作的变奏曲》（1979，1980 年修订）；首演于旧金山，1980 年 5 月 14 日

《诗篇》，为人声与乐队而作，唱词取自希伯来文《诗篇》（1981）；首演于斯图加特，1981 年 6 月（第一和第二乐章）；科隆，1981 年 9 月 20 日（全曲）

《荒原音乐》，为合唱和乐队而作，唱词采用威廉·卡洛斯·威廉斯的诗（1982—1984）；首演于科隆，1984 年 3 月 17 日

《三个乐章》，为管弦乐团而作（1986）；首演于密苏里州圣路易斯，1986 年 4 月 3 日

《四段》，为管弦乐团而作（1987）；首演于旧金山，1987 年 10 月 7 日

《格言》，为人声和小乐队，采用路德维希·维特根斯坦的词（1995）；首演于纽约，1996 年 2 月 10 日

＊《你是》，为人声和小乐队，2004 年

＊《但以理变奏》，为四个人声和小乐队，2006 年

室内乐/器乐

《矩阵》，为多种乐器（1963）

《音乐》，为三架或更多的钢琴（也可用两架钢琴加上录音带）（1964）

《簧片相位》，为高音萨克斯管和录音带（1966）

《钢琴相位》，为两架钢琴或两架马林巴（1967）

《小提琴相位》，为小提琴与录音带（或四把小提琴）(1967)

《钟摆音乐》，为三个或更多麦克风、放大器、扩音喇叭和演员而作(1968)

《四架木鼓》，为移相脉冲门和木鼓而作(1969)

《脉冲音乐》，为移相脉冲门而作(1969)

《四架管风琴》，为四架电风琴和沙球而作(1970)

《相位模式》，为四架电风琴(1970)

《击鼓》，为四副邦戈鼓、三架马林巴、三架钟琴、两位女声、口哨和短笛而作(1971)；首演于纽约，1971年12月

《拍手音乐》，两位演奏者拍手(1972)

《为槌击乐器、人声和管风琴所作的音乐》(1973)；首演于纽约，1973年5月16日

《为木块所作的音乐》，五副有音高的音棒(1973)

《六架钢琴》(1973)；首演于纽约，1973年5月16日

《为十八位音乐家而作的音乐》(1974—1976)；首演于纽约，1976年4月24日

《八重奏》(1979)；首演于德国法兰克福，1979年6月21日

《佛蒙特对位》，为长笛与录音带(1982)；首演于纽约，1982年10月1日

《六重奏》，为打击乐与键盘(1984,1985年修订)；首演于巴黎，1984年12月19日

《纽约对位》，为单簧管与录音带(1985)；首演于纽约，1986年1月20日

《六架马林巴》(1986)，《六架钢琴》的另一版本；首演于纽约，1987年4月20日

《电子对位》，为电吉他与录音带而作(1987)；首演于纽约，1987年11月5日

《不同的列车》，为弦乐四重奏与录音带(1988)；首演于伦敦，1988年11月2日

《城市生活》，为国际当代乐团创作(1995)；首演于法国梅斯，1995年3月7日

《知道你上面有什么》，为四个女声和打击乐而作(1999)；首演于纽约布鲁克林，1999年11月19日

《三重四重奏》，为弦乐四重奏与录音带(1998)；首演于华盛顿特区，1999年5月22日

《电吉他层》，为电吉他与录音带(2000)

《舞蹈模式》，为木琴、颤音琴与钢琴而作(2002)；首演于布鲁塞尔，1999年3月13日

《大提琴对位》，为大提琴与录音带或大提琴八重奏(2003)；首演于伊利诺伊州厄巴纳-香槟，2003年10月18日

＊《为颤音琴、钢琴和弦乐而作的变奏曲》，三个弦乐四重奏、四架颤音琴和两架钢琴，2005年

＊《双六重奏》，两把小提琴、两把大提琴、两架钢琴、两架颤音琴、两支单簧管、两支长笛和录音带，2007年

＊《2×5》，两套鼓、两架钢琴、四把电吉他和两把电贝司，2008年

＊《敲击四重奏》，两架马林巴、两架颤音琴或四架马林巴，2009年

＊《世贸911》，弦乐四重奏与录音带，2010年

*《四重奏》，两架颤音琴与两架钢琴，2013 年

*《中断》，为木管、弦乐、钢琴和电贝司而作，2016 年

录音带

《塑料剪发》，影像配乐（1963）

《要下雨了》（1965）；首演于旧金山，1965 年 1 月

《噢西瓜》，影像配乐，史蒂芬·福斯特歌曲的改写（1965）

《出来》（1966）；首演于纽约，1966 年 4 月

《口风琴》（1966）；首演于纽约，1966 年 6 月

《我名叫》，文字乐谱，三位或更多录音者、表演者与听众（1967）

《慢动作声音》，文字乐谱（1967）

特里·赖利

室内乐/器乐

《小提琴、单簧管与大提琴三重奏》（1957）

《弦乐四重奏》（1960）

《弦乐三重奏》（1961）

《酶斯卡灵混音》，为录音带（1962—1963）

《键盘练习曲》（1963）

《多利安芦笛》，为木管、铜管、弦乐、未指定的乐器和循环录音带而作（1964）

《C 调》，为多件乐器（1964）

《无良罂粟和幽灵乐队》，为高音萨克斯管、电子键盘和录音延时器而作（1967）

《曲空中的彩虹》，为电子键盘、手鼓和铃鼓而作（1968）

《Shri Camel》，为电子风琴与录音延时器而作（1976）

《G 歌》，为人声、弦乐四重奏与合成器而作（最初使用电子键盘）（1981）

《星际捕梦人的日出》，为人声、合成器与弦乐四重奏而作（1981）（原作为电子键盘，1973）

《夜间平原的华彩》，为弦乐四重奏（1984）

《莎乐美的和平之舞》，为弦乐四重奏（1986）

*《太阳环》，为弦乐四重奏（2002）

拉·蒙特·杨

电子乐器/多媒体

《两种声音》（1960）；首演于纽约，1961 年 1 月 31 日

《桌椅沙发的诗》（1960）；首演于洛杉矶，1960 年 2 月 6 日

《乌龟，它的梦想与旅程》，为人声、多件乐器和电动机器人（1964—）

《49 的关于 11 个银河间隙装饰性光纹的梦的图谱》（1966—）为多种乐器和正弦波发生器；首演于加利福尼亚州帕萨迪纳，1968 年 1 月 28 日

室内乐/器乐

《为弦乐四重奏而作的五首小品》（1956）；首演于洛杉矶，1956 年 11 月

2 日

《为铜管》(1957);首演于加利福尼亚州帕洛阿尔托,1958 年 5 月 3 日

《为吉他》(1958);首演于纽约,1979 年 12 月 7 日

《弦乐三重奏》(1958);首演于旧金山,1960 年 11 月 29 日

《钢琴练习曲 1,2,3》(1959,其中第二首未完成);首演于洛杉矶,1959 年 2 月 25 日

《视觉》,为十一件乐器(1959);首演于加利福尼亚州伯克利,1959 年 12 月 2 日

《阿拉伯数字(任意整数)》,献给亨利·弗林特,为铜锣与钢琴(1960);首演于纽约,1961 年 5 月 14 日

《死之歌》,为男声与钟(1961);首演于德国杜塞尔多夫,1962 年 6 月 16 日

《中国四梦之二,高压线降压变压器的梦》(1962);首演于新泽西州北布伦瑞克,1963 年 5 月 19 日

《调制钢琴》为预制钢琴(1964—);首演于罗马,1974 年 6 月 3 日;纽约,1975 年 4 月 2 日;纽约,1981 年 10 月 25 日

行为艺术与文字作品

《作品,1960》,第 2—6、9、10、13、15 (1960)

大卫·都铎钢琴作品,第 1—3(1960)

《作品,1961》,第 1—29(1961);首演于剑桥,1961 年 3 月 31 日

拓展阅读

Dreier, R. 'Minimalism', in H. Wiley Hitchcock and S. Sadie (eds.) *The New Grove Dictionary of American Music* (London and New York, Macmillan, 1986)

Glass, P. *Music by Philip Glass* (New York, Harper & Row, 1987)

Hitchcock, H. W. *Music in the United States* (3rd edition: Englewood Cliffs, New Jersey, Prentice-Hall, 1988)

Mertens, W. *American Minimal Music* (London, Kahn & Averill, 1983)

Nyman, M. *Experimental Music: Cage and Beyond* (London, Studio Vista, 1974)

Page, T. 'Framing the River: A Minimalist Primer', in *High Fidelity*, November 1981

Reich, S. *Writings About Music* (Halifax, Nova Scotia, The Press of the Nova Scotia College of Art and Design, 1974)

Reich, S. and Korot, B. *The Cave* (London and New York, Hendon Music/Boosey & Hawkes, 1993)

Rockwell, J. *All American Music: Composition in the Late Twentieth Century* (New York, Knopf, 1983)

Schaefer, J. *New Sounds: A Listener's Guide to New Music* (New York, Harper & Row, 1987)

Schwarz, K. R. 'Process vs. Intuition in the Recent Works of Steve Reich and John Adams', in *American Music* Vol. 8 No. 3, Autumn 1990

Schwarz, K. R. 'Steve Reich: Music as a Gradual Process', in *Perspectives of New Music* Vols. 19 and 20, 1980–1 and 1981–2

Strickland, E. *American Composers: Dialogues on Contemporary Music* (Bloomington, Indiana, Indiana University Press, 1991)

Strickland, E. *Minimalism: Origins* (Bloomington, Indiana, Indiana University Press, 1993)

唱片精选

ECM 新系列 1277

约翰·亚当斯

《主席之舞》
旧金山交响乐团,指挥艾多·迪·华特
NONESUCH 79144‑2

《克林霍夫之死》
多位歌唱家,里昂歌剧院,指挥长野健
NONESUCH 79281‑2(双张)

《可怕的对称》等
斯坦福·席尔万(男中音),圣卢克管弦乐团,指挥约翰·亚当斯
NONESUCH 79218‑2

《室内交响曲》等
伦敦小交响乐团,指挥约翰·亚当斯
NONESUCH 79219‑2

《和声课》
旧金山交响乐团,指挥艾多·迪·华特
NONESUCH 79115‑2

《风琴》
旧金山交响乐团与合唱团,指挥艾多·迪·华特

《尼克松在中国》
多位歌唱家,圣卢克管弦乐队,指挥艾多·迪·华特
NONESUCH 79177‑2(三碟)

《小提琴协奏曲》等
吉东·克莱默(小提琴),伦敦交响乐团,指挥长野健;圣卢克管弦乐团,指挥约翰·亚当斯
NONESUCH 79360‑2

《震颤派循环》
旧金山交响乐团,指挥艾多·迪·华特;唱片商还有史蒂夫·赖什的《变奏曲》
PHILIPS 412214‑2

路易斯·安德里森

《国》
勋伯格合奏团,指挥兰伯特·德·鲁夫
NONESUCH 79251‑2

《风格》《M 代表男人、音乐、莫扎特》
勋伯格合奏团,指挥兰伯特·德·鲁夫;阿斯特丽德·西利斯(人声),沃哈丁管弦乐团,指挥卢仁·韩佩儿
NONESUCH 79342‑2

《时间》
勋伯格合奏团,指挥兰伯特·德·鲁夫

NONESUCH　79291－2

菲利普·格拉斯

《埃赫那顿》
多位歌唱家,斯图加特国立歌剧院,指挥丹尼斯·拉塞尔·戴维斯
CBS　M2K42457(双张)

《美女与野兽》
多位歌唱家,菲利普·格拉斯合奏团,指挥迈克尔·李斯曼
NONESUCH　79347－2(双张)

《海滩上的爱因斯坦》
菲利普·格拉斯合奏团,指挥迈克尔·李斯曼
NONESUCH　79323－2(三碟)

《氢点唱机》
多位歌唱家,菲利普·格拉斯(钢琴),爱伦·金斯堡(旁白),指挥马丁·戈德瑞
NONESUCH　79286－2

《峡谷》《伊泰普》
亚特兰大交响乐团与合唱团,指挥罗伯特·肖
SONY　SK46352

《失衡生活》
多位艺术家,指挥迈克尔·李斯曼

NONESUCH　79506

《"低谷"交响曲》
布鲁克林爱乐乐团,指挥丹尼斯·拉塞尔·戴维斯
Philips　438150－2

《十二声部音乐》
菲利普·格拉斯合奏团
NONESUCH　79324(双张)

《变化声部的音乐》
菲利普·格拉斯合奏团
NONESUCH　79325－2

《非暴力不合作》
多位歌唱家,纽约市立歌剧院,指挥克里斯托弗·基恩
CBS　M3K　39672(三碟)

《动荡岁月的歌》
多位歌唱家,菲利普·格拉斯合奏团
CBS　MK　39564

《弦乐四重奏第2—5》
克罗诺斯四重奏
NONESUCH　79356－2

《两页》《反向音乐》等
菲利普·格拉斯合奏团
NONESUCH　79326－2

梅乐迪·蒙克

《阿特拉斯》
多位艺术家,指挥韦恩·汉金
ECM 新系列 1491/92(双张)

《日书》
梅乐迪·蒙克与声乐团体
ECM 新系列 1399

《墓石牌坊音乐》
梅乐迪·蒙克与其他艺术家
ECM 新系列 1197

《乌龟梦》
梅乐迪·蒙克与其他艺术家
ECM 新系列 1240

麦克·奈曼

《麦克·奈曼乐团总集》
麦克·奈曼乐团
ARGO 436 820 - 2

《麦克·奈曼歌集》
乌特·兰帕与麦克·奈曼乐团
DECCA 425227 - 2

《钢琴》
麦克·奈曼(钢琴),慕尼黑爱乐乐团演
奏员,指挥麦克·奈曼

VIRGIN CDVE 919

《钢琴协奏曲》
凯瑟琳·斯科特(钢琴),皇家利物浦爱
乐乐团,MGV
ARGO 443382 - 2
弦乐四重奏 1—3
巴拉涅斯库四重奏
DECCA 473091 - 2

《误把妻子当帽子的男人》
多位艺术家,指挥麦克·奈曼
CBS MK 44669

《时间会证明》
多位艺术家
ARGO 440282 - 2

阿沃·帕特

《树》
西里亚德合唱团,吉东·克莱默(小提
琴),斯图加特市立乐团铜管声部,指挥
丹尼斯·拉塞尔·戴维斯
ECM 新系列 1325

《求主垂怜》
西里亚德合唱团,波恩贝多芬大厅管弦
乐团,指挥丹尼斯·拉塞尔·戴维斯
ECM 新系列 1430

《受难曲》
西里亚德合唱团

ECM　新系列　1370

《交响曲 1—3》《正与反》《无穷动》
弗兰斯·赫尔墨森（大提琴），班贝格交响乐团，指挥尼米·雅尔维
BIS　CD434

《无字碑》
吉东·克莱默和塔基亚娜·格里坚科（小提琴），立陶宛室内乐团，指挥扫罗斯·桑德基斯
ECM　新系列　1275

《感恩赞》
爱沙尼亚爱乐室内合唱团，塔林室内乐团，指挥托努·卡朱斯特
ECM　新系列　1505

史蒂夫·赖什

《洞》
多位艺术家，史蒂夫·赖什合奏团，指挥保罗·西里尔
NONESUCH　79327 - 2（双张）

《荒原音乐》
布鲁克林爱乐乐团，史蒂夫·赖什与音乐家们，指挥麦克·蒂尔森·托马斯
NONESUCH　9　79101 - 2

《不同的列车》《电子对位》
克洛诺斯四重奏，帕特·梅特尼（吉他）
NONESUCH　9　79176 - 2

《不同的列车》《三重四重奏》《四段音乐》
里昂国家管弦乐团，指挥大卫·罗布森
NAIVE MONTAIGNE MO　782167

《击鼓》
史蒂夫·赖什与音乐家们
NONESUCH　9　79170 - 2

《出来》《钢琴相位》《拍手音乐》《要下雨了》
双重边界（双钢琴），鲁斯·哈滕堡和史蒂夫·赖什（拍手）
NONESUCH　9　79169 - 2

《四段音乐》《为槌击乐器、人声和管风琴所作的音乐》
伦敦交响乐团，指挥麦克·蒂尔森·托马斯，史蒂夫·赖什与音乐家们
NONESUCH　9　79220 - 2

《为十八位音乐家而作的音乐》
史蒂夫·赖什与音乐家们
ECM　新系列,1129

《八重奏》《为大合奏而作》《小提琴相位》
史蒂夫·赖什与音乐家们
ECM　新系列　1168

《六重奏》《六架马林巴》
史蒂夫·赖什与音乐家们
NONESUCH　9　79138 - 2

《诗篇》《三个乐章》
勋伯格合奏团与打击乐组，指挥兰伯特·德·鲁夫
伦敦交响乐团，指挥麦克·蒂尔森·托马斯
NONESUCH 9 79295 - 2

《为木管、弦乐和键盘而作的变奏曲》
旧金山交响乐团，指挥艾多·迪·华特
唱片上还收录亚当斯的《震颤派循环》
PHILIPS 412 214 - 2

特里·赖利

《C 调》
纽约州立大学艺术创作与表演中心，领奏特里·赖利
CBS MK 7178

《曲空中的彩虹》《无良罂粟和幽灵乐队》
特里·赖利
CBS MK 7315

《莎乐美的和平之舞》
克洛诺斯四重奏
NONESUCH 9 79217 - 2（双张）

拉·蒙特·杨

《跺脚》
永远坏布鲁斯乐队
Gramavision R2 79487（双张）

《高压线降压变压器的梦》
永恒音乐剧院铜管乐团，领奏本·内里
Gramavision R2 79467

《调制钢琴》
拉·蒙特·杨（钢琴）
Gramavision R2 79452（五碟）

图片鸣谢

Photographs by Joanne Akalaitis: 107, 112

Courtesy Boosey & Hawkes: photographs by Alix Jeffry 49, 74, 79; photographs by Malyse Albert 98; photograph by Dido Satman 100; photograph by Andrew Pothecary 102; photograph by Herning Lohner 105t; photograph by Michael McLaughlin 105b; photograph by James Poke 193; photograph by Camilla van Zuylen 204

Photograph by Tom Caravaglia: 132 - 3

Photograph by Carolyn Cassidy: 55

Cinematheque: 121

Courtesy ECM: photographs by Larry Watson 191, 214

Courtesy Elektra Nonesuch: photograph by Yannis Samaras 167; photographs by Richard Morganstein 180 - 1

Photograph by Betty Friedman: 134

Photographs by Gianfranco Gorgoni: 67, 69l

Photograph by Horst Huber: 140 - 1

The Hulton Deutsch Collection: 51, 53, 73, 82, 85, 95, 110, 118, 150, 163, 173

© Jasper Johns: 35

The Kobal Collection: Institute for Regional Education 152 - 3; André Paulvé Productions 162; BFI/United Artists 198 - 9; Jan Chapman Productions/Ciby 2000 202

Mason-Relkin Co. : 115

Performing Arts Library: photographs by Clive Barda 129, 145, 146, 148t, 148b, 169, 171

Photograph by Fred Plaut: 113

Corbis-Bettman: 20, 47, 52, 56, 59, 65, 68, 69t, 136, 158, 178, 185

Redferns: photograph by William Gottlieb 26; photograph by Steve Gillett 165; photograph by Christine Henderson 188; photographs by Malcolm Crowthers 195, 213

Rex Features: 38, 62

Courtesy Terry Riley: 25; photographs by Bob Benson 45, 46

© Ben Shahn: 90

Courtesy Gilbert and Lila Silverman Fluxus Collection Foundation: 7; photograph by George Maciunas 15

Courtesy Swatch: 108

Tate Gallery London/Bridgeman Art Library: 209

Courtesy Mary Jane Walsh Productions: 77, 94

© Robert Wilson: 131

Courtesy La Monte Young and
Marian Zazeela: 18, 22, 32, 33;
photograph by René Block 8;
photograph by Marian Zazeela 17;
photograph by Robert Adler 40 - 1;
photograph by David
Crossley 42

图书在版编目（CIP）数据

简约主义音乐家 / K. 罗伯特·施瓦茨著；毕禕译. – 上海：上海音乐
出版社，2024.1 重印（二十世纪作曲家系列）
书名原文：Minimalists
ISBN 978-7-5523-2024-4
Ⅰ. 简⋯ Ⅱ. ①K⋯ ②毕⋯ Ⅲ. 作曲家 – 列传 – 世界 Ⅳ. K815.76
中国版本图书馆 CIP 数据核字（2020）第 183526 号

书　　名：简约主义音乐家
著　　者：K. 罗伯特·施瓦茨
译　　者：毕　禕

项目负责：段劲楠
责任编辑：王嘉珮
封面设计：翟晓峰

出版：上海世纪出版集团　上海市闵行区号景路 159 弄　201101
　　　上海音乐出版社　上海市闵行区号景路 159 弄 A 座 6F　201101
网址：www.ewen.co
　　　www.smph.cn
发行：上海音乐出版社
印订：永清县晔盛亚胶印有限公司
开本：700×1000　1/16　印张：15.25　图、文：244 面
2020 年 11 月第 1 版　2024 年 1 月第 2 次印刷
ISBN 978-7-5523-2024-4/J·1857
定价：58.00 元
读者服务热线：(021) 53201888　印装质量热线：(021) 64310542
反盗版热线：(021) 64734302　(021) 53203663
郑重声明：版权所有　翻印必究